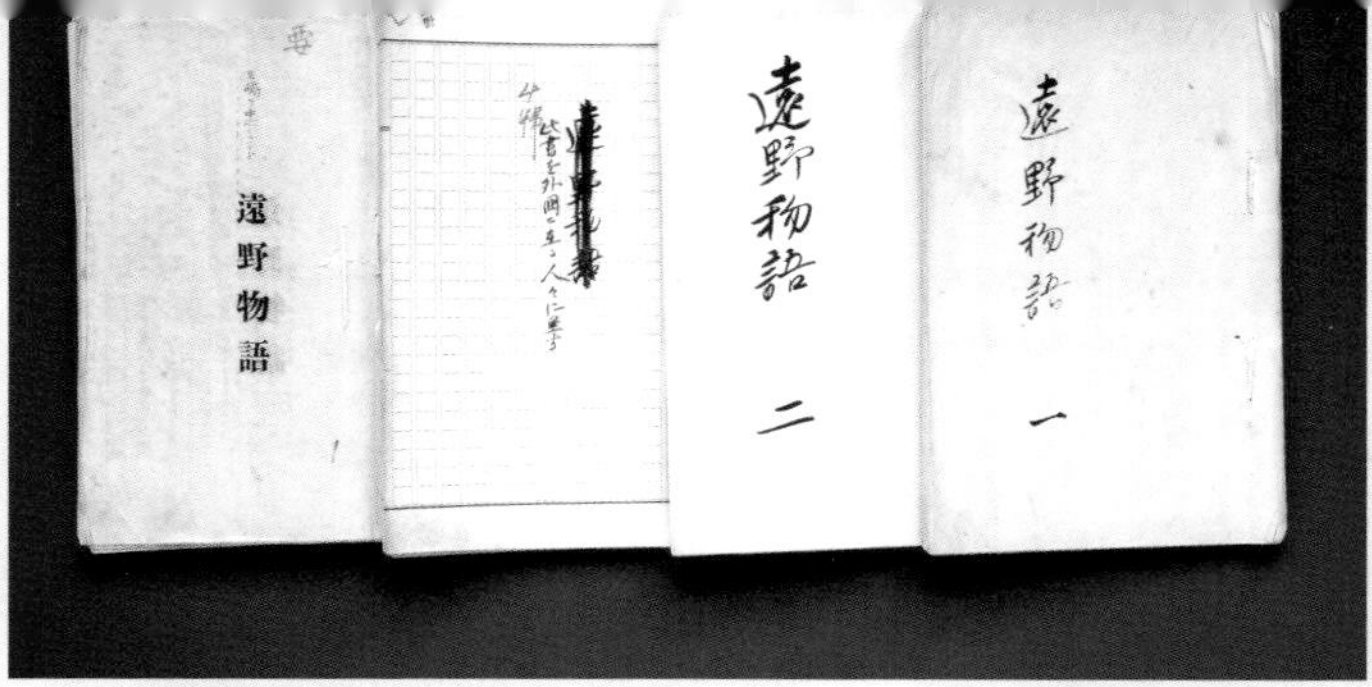

『遠野物語《とおのものがたり》』

『遠野物語』刊行に先立つ資料で、右から草稿本２冊、清書本１冊、初校本１冊。
(写真提供：遠野市立博物館)

JN044903

國男

卒業後、官僚と
この道を歩む傍《かたわ》ら、
日本の民俗研究に没
頭し、『遠野物語』を
上梓。日本民俗学の
基礎を築いた。
(写真提供：成城大学
民俗学研究所)

荒神神社《あらがみじんじゃ》と稲田《いなだ》

遠野市青笹町中沢に鎮座する神社で、周囲を田畑に囲まれた茅葺屋根の小さな宝形造社殿が遠野独特の景観を形成する。祭神は権現様であるが、「荒神様」と呼ばれ崇敬を集めている。

河童淵《かっぱぶち》

常堅寺裏手にある河童淵。遠野市に伝わる河童伝承地のひとつで、水辺には河童を祀った祠が建つ。

山姥《やまうば》と金太郎《きんたろう》

妖怪化されて語られることの多い山姥。『遠野物語』ではヤマハハといわれ、二つの話に登場する。これは喜多川歌麿による浮世絵である。

オシラサマ

『遠野物語』にもその来歴が記される家の神で、蚕の神、農業の神、馬の神などの性格を持つ。遠野市内の50余戸に150体が祀られ、年に1度1枚ずつ布を重ね着させていく。

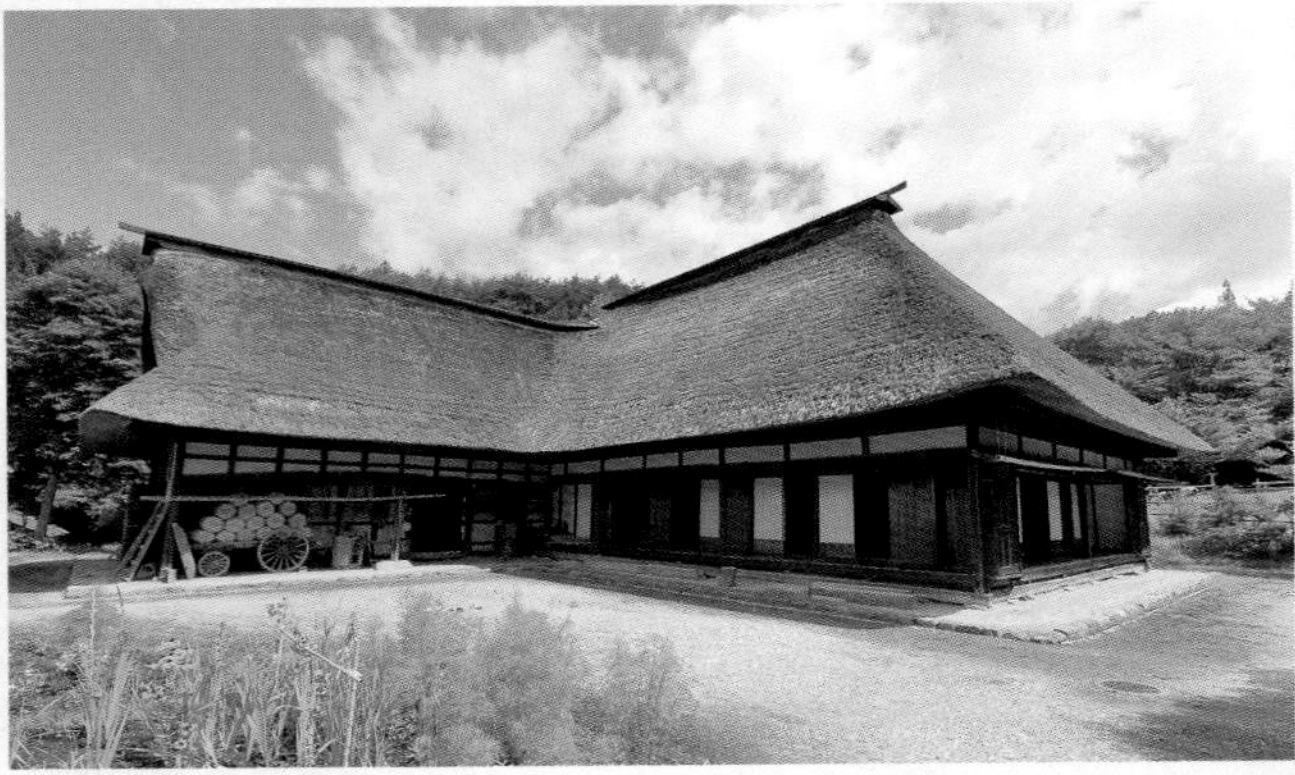

曲《まが》り家《や》

伝承館に再現された遠野の民家である曲り屋。母屋と馬屋が一体となったL字型の間取りで、馬屋の屋根にある破風から竈や炉でたく煙が排出されることによって、馬の背や屋根裏の乾し草を乾かすことができる。

青春文庫

図説 日本の異界を歩く!

遠野物語

志村有弘[監修]

青春出版社

はじめに

私は説話《せつわ》文学、特に奇談《きだん》に関心を抱き、次第に柳田國男《やなぎたくにお》の作品を読むようになっていった。『日本の傳説《でんせつ》』『昔話《むかしばなし》と文學《ぶんがく》』『一目小僧《ひとつめこぞう》その他』はむろんのこと、とりわけ『遠野物語《とおのものがたり》』や『妖怪談義《ようかいだんぎ》』に心惹《ひ》かれるものがあった。

柳田の時代から長い歳月が流れたけれど、その学問は我々に今なお多くのことを教えてくれる。どうであれ、妖怪研究はここから始まるといってよい。

『遠野物語』は、周知《しゅうち》の如《ごと》く、佐々木喜善《ささききぜん》が語った話を柳田が聞き書きしたものである。これは、柳田が筆記した初稿本《しょこうぼん》（毛筆《もうひつ》）から始まり、順次《じゅんじ》手を加えられていったものである。

伝奇集《でんきしゅう》ともいうべき『遠野物語』には、不可思議なことが日常茶飯事《にちじょうさはんじ》のこととして出現する。オシラサマがいる。座敷童子《ざしきわらし》がいる。妖怪がいる。異人がいる。神隠《かみかく》しがある。臨死体験《りんしたいけん》がある。死者が歩く。人を欺《あざむ》いて祟《たた》りを受けた話がある。三陸大津波《さんりくおおつなみ》の記述もある。河童《かっぱ》が大手を振って現われる。オシラサマやオクナイサマに対する遠野の人の篤《あつ》い信仰心もうかがえる。火伏《ひぶせ》の神のゴンゲサマもいる。

柳田は『遠野物語』を「現在の事実なり」と述べている。『遠野物語』が多くの人々から愛読され続けているのは、遠野地方の「事実」に基づく魅惑的な、奇異なる事件があまた登載《とうさい》されているからだ。そして、その中に人間社会の真実なるものや教訓を感じ取ることができる。

時に登場する人物が異界《いかい》に住む人間かと思わせられることがある。その意外性が、我々の心を強く惹きつけるのだ。我々は平凡な事実、平凡な事件には好奇の眼を向けることはない。説話が伝承されるには、事件の意外性が必要である。本来ならば、説話の主人公は著名であればあるほど伝承されてゆくのだが、『遠野物語』に登場する人たちは我々と同じような、ごく普通の人たちである。だが、話の面白さは無比《むひ》といってよい。

佐々木喜善が語った遠野の物語は、柳田國男という不世出《ふせいしゅつ》の文人の手に成った説話集である。この説話集の〈古典〉を詳細に分析・分類し、図説として再構成した本書が、少しでも多くの人の手にとられ、心の糧《かて》、心の拠り所《よどころ》となるならば幸いである。

志村有弘しるす

図説 日本の異界を歩く！遠野物語●目次

第三章　動物と人間

カバー写真提供／Adobe Stock
写真提供／遠野市立博物館、遠野市観光協会、小坂町立総合博物館郷土館、成城大学民俗学研究所、遠野物語研究所、Adobe Stock、PHOTOGRAH.COM
図版・DTP／ハッシィ

『遠野物語』地図

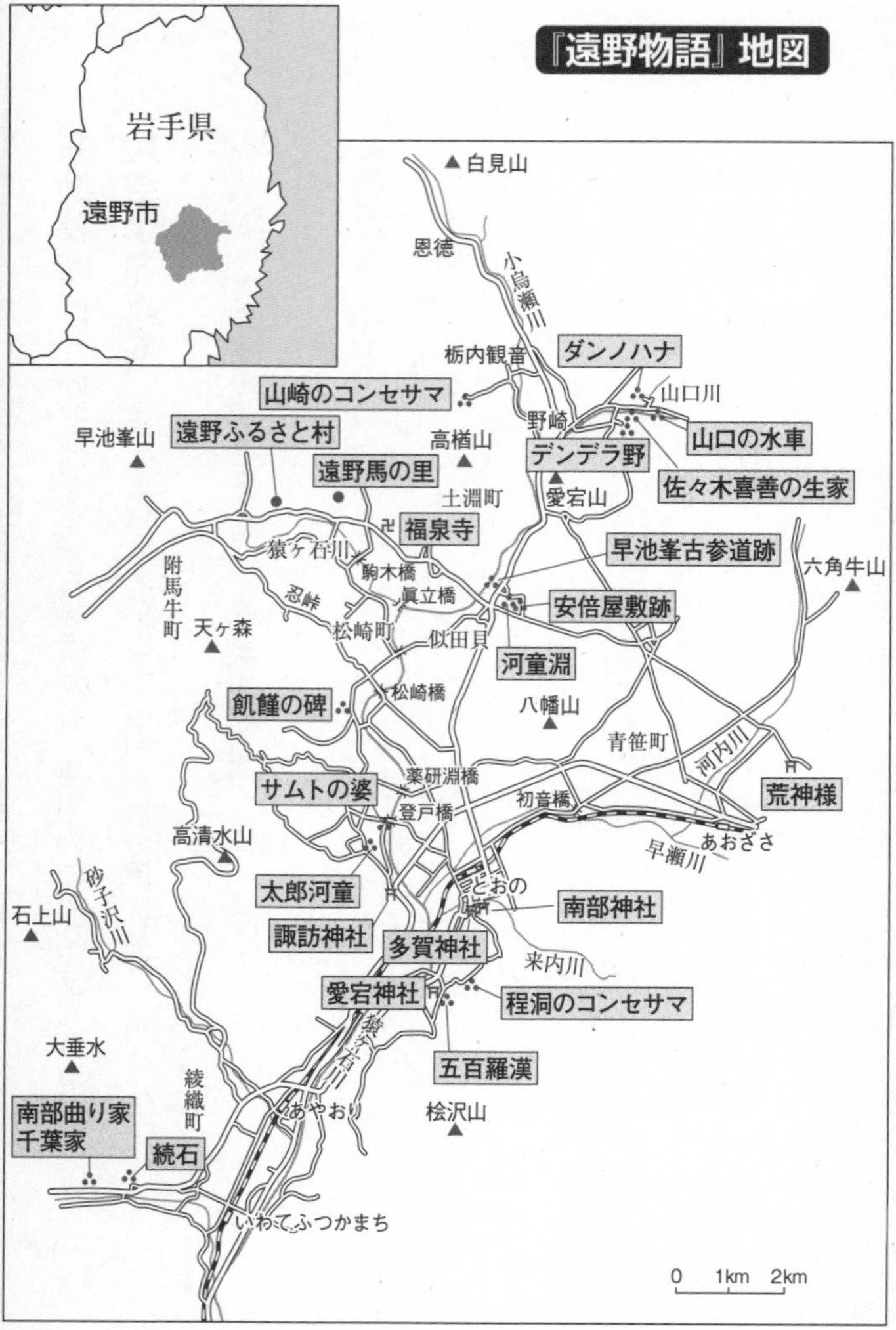

岩手県
遠野市
白見山
恩徳
小烏瀬川
栃内観音
ダンノハナ
山口川
山崎のコンセサマ
野崎
山口の水車
遠野ふるさと村
早池峯山
高槝山
デンデラ野
佐々木喜善の生家
遠野馬の里
愛宕山
土淵町
福泉寺
早池峯古参道跡
猿ヶ石川
駒木橋
六角牛山
附馬牛町
忍峠
眞立橋
安倍屋敷跡
天ヶ森
松崎町
似田貝
河童淵
松崎橋
飢饉の碑
八幡山
青笹町
河内川
薬研淵橋
サムトの婆
荒神様
初音橋
登戸橋
高清水山
あおざさ
早瀬川
砂子沢川
太郎河童
とおの
南部神社
石上山
諏訪神社
多賀神社
来内川
愛宕神社
程洞のコンセサマ
猿ヶ石川
大垂水
五百羅漢
綾織町
南部曲り家
千葉家
あやおり
桧沢山
続石
いわてふつかまち
0
1km
2km

序章

『遠野物語』とは何か

序章
『遠野物語』とは何か

『遠野物語』の概要

日本民俗学に先鞭をつけた
柳田國男の名著

聞き書きの伝承を自費で出版

柳田國男《やなぎたくにお》の『遠野物語《とおのものがたり》』は、岩手県遠野《とおの》地方で語られてきた伝承一一九編を収録した説話集である。柳田は、遠野出身の若手作家、佐々木喜善《ささききぜん》から聞き書きした伝承をまとめ、明治四十三年（一九一〇）、自費出版で三五〇部を刊行した。

その内容は、家の神、山の神にまつわる言い伝えから、天狗《てんぐ》、山男《やまおとこ》、河童《かっぱ》、座《ざ》敷童子《しきわらし》、マヨイガといった怪異譚《かいいたん》など、多岐《たき》にわたっている。内容は基本的に一話ずつ独立しているが、全てを読み終えたとき、各話が共鳴し合って、遠野の幻想的な世界が目前に浮かび上がる。

遠野は、深い三山《さんざん》に囲まれた盆地である一方、海岸部と内陸部を繋《つな》ぐ交通の要衝《ようしょう》でもあったため、この地に出入りする人々によりさまざまな伝承がもたらされ、都市化の影響を受けにくい地理的環境のなかで蓄積されていった。日本各地で近代

『遠野物語』初版本

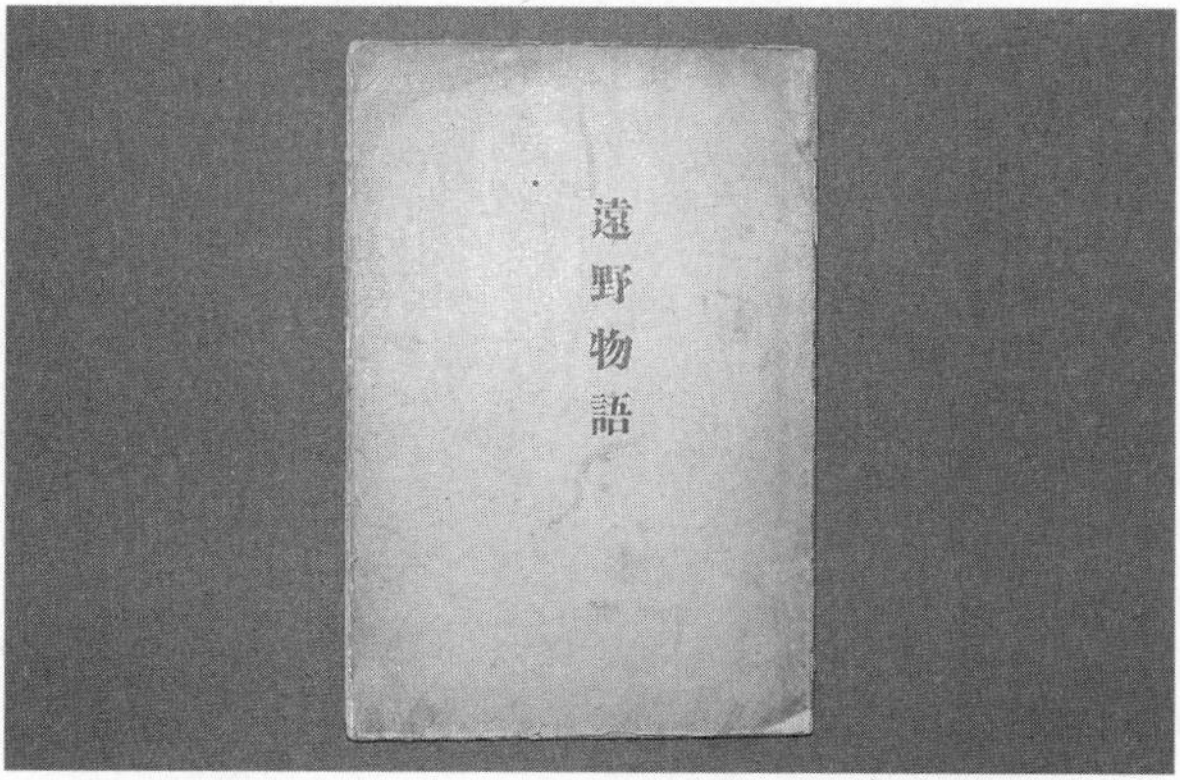

明治 43 年（1910）に刊行された『遠野物語』初版本。わずか 350 部余りの自費出版だったが売れ行きはよく、半年で印刷費用をほぼ回収できたという。（遠野市立博物館所蔵）

化が進んだ明治以降も、古い風俗や信仰、神秘的な心象風景が残存しやすい条件があったのである。

序文には、次のように執筆の経緯が記されている。

――この話はすべて遠野の人佐々木鏡石《きょうせき》君より聞きたり。昨《さく》明治四十二年の二月頃より始めて夜分折々訪ね来り此《この》話をせられしを筆記せしなり。鏡石君は話上手には非《あら》ざれども誠実なる人なり。自分も亦《また》一字一句をも加減《かげん》せず感じたるまゝを書きたり。――

柳田は、佐々木喜善（筆名・鏡石）から数回にわたり聞き書きし

※『遠野物語』は全119話、『遠野物語拾遺』は全299話から成る。

『遠野物語』

地勢	一、五、六七、一一一
神の始	二、六九、七四
里の神	九八
カクラサマ	七二～七四
ゴンゲサマ	一一〇
家の神	一六
オクナイサマ	一四、一五、七〇
オシラサマ	六九
ザシキワラシ	一七、一八
山の神	八九、九一、九三、一〇二、一〇七、一〇八
神女	二七、五四
天狗	二九、六二、九〇
山男	五、六、七、九、二八、三〇、三一、九二
山女	三、四、三四、三五、七五
山の霊異	三二、三三、六一、九八
仙人堂	四九
蝦夷の跡	一一二
塚と森と	六六、一一一、一一三、一一四
姥神	六五、七一
館の址	六七、六八、七六
昔の人	八、一〇、一一、一二、二一、二六、八四

『遠野物語拾遺』

神の始	一、三、一三、一五、二七、二八、三二、三八、三九、七七、一八九
地名の由来	二～七
里の神	四九、五〇、六〇、六九、七一～七三
ゴンゲサマ	二〇、五七～五九、七〇
子供神	五一～五六
手伝い神	六一～六六、六八、六九
家の神	六一、六二、六六
オクナイサマ	七四
オシラサマ	七五～八五
ザシキワラシ	八七～九一
山の神	九五、九六、一二一、一二六
神女	九七
天狗	九八、九九
山男	一〇〇～一〇八、一一〇、一二〇
山女	一〇九～一一二、一一六、一二〇
仙人	五
山の霊異	一一三～一二三、一六四～一六六
霊地	一六、一二四、一二五
石	八～一六、二三
淵と沼と	二一～三七、四〇～四二、一七六～一七八
ハヤリ神	四三～四八
館の址	一三〇～一三四
昔の人	一〇九、一一〇、一二七～一二九、一四〇

『遠野物語』および『遠野物語拾遺』題目

家のさま	八〇、八三
家の盛衰	一三、一八、一九、二四、二五、三八、六三
マヨイガ	六三、六四
前兆	二〇、五二、七八、九六
魂の行方	二二、八六〜八八、九五、九七、九九、一〇〇
まぼろし	二三、七七、七九、八一、八二
雪女	一〇三
河童	五五〜五九
猿の経立	四五、四六
猿	四七、四八
狼	三六〜四二
熊	四三
狐	六〇、九四、一〇一
いろいろの鳥	五一〜五三
花	三三、五〇
小正月の行事	一四、一〇二〜一〇五
雨風祭	一〇九
昔々	一一五〜一一八
歌謡	一一九

家の盛衰	九三、一三二〜一三九
家の霊	九二、九四
宝器	九八、九九、一四一、一四四
法力	四〇、六七
前兆	九三、一三四、一四五〜一四七、二六六
夢見	一四九、一五〇
魂の行方	一五一〜一六一
まぼろし	一六二、一六三、一六七〜一七三
河童	一七八
蛇	三〇〜三二、三四、一七九、一八二
猫	一七四〜一七六
牛	一七七
蜘蛛	一八三〜一八五
狸	一八六
貉	一八七
狐	一八八〜二〇八
狼	七一、七三、二一三、二一四
熊	二〇九〜二一二
猪	二一五
犬	二一六、二一七
鳥	二一八
いろいろな植物	一七、一八、二〇、二二
源平の頃	七、一一、一八、一九
近い昔	一八八、二三一〜二三六
一生のこと	八六、二一九〜二二一、二三七〜二六九、二七二
年中行事	二七〇、二七一、二七三〜二九九

た内容に脚色《きゃくしょく》を加えない姿勢を貫きつつ、文章表現や話の配列に工夫《くふう》を凝《こ》らし、雑多な民間伝承を完成度の高い文学作品に仕上げた。

●序文に示された刊行の意図

さらに序文では、『遠野物語』を著《あら》わした意図を次のように記している。

――思ふに遠野郷《ごう》には此類《このたぐい》の物語猶《なお》数百件あるならん。我々はより多くを聞かんことを切望す。国内の山村にして遠野より更に物深き所には又無数の山神山人《やまがみさんじん》の伝説あるべし。願はくは之《これ》を語りて平地人を戦慄《せんりつ》せしめよ。――

近代化とは無縁な地方で暮らす人々の生活に確固として息づく、伝統的な日本人の心象風景を世間に知らしめようとする、柳田の意気込みが伝わって来る内容である。

『遠野物語』が刊行されると、泉鏡花《いずみきょうか》や芥川龍之介《あくたがわりゅうのすけ》らは、その独自性や文学性を好意的に評価したが、友人でもあった田山花袋《たやまかたい》や島崎藤村《しまざきとうそん》は、柳田個人の趣味的な著作に過ぎないと否定的な評価をした。発行部数が少ないこともあり、当初の反響は小さかった。しかしその後、着実な広がりを見せ、柳田が還暦を迎えた昭和十年（一九三五）には、拾遺《しゅうい》二九九話などを含む『遠野物語 増補版』が刊行された。

序章
『遠野物語』とは何か

佐々木喜善との出会い

遠野の青年から聞いた
昔話が一冊の本に

運命の出会い

『遠野物語』は、柳田國男と佐々木喜善の運命的な出会いによって生み出された物語といえる。

物語の舞台に遠野が選ばれた理由も、佐々木がこの地の出身であったという以外には見当たらない。

二人の出会いは、序文には明治四十二年（一九〇九）の二月頃と記されているが、佐々木の日記や柳田の書簡《しょかん》から、実際は前年の十一月四日だったと推定される。

農商務省《のうしょうむしょう》の官僚として全国各地を回るなか、地方の民俗に興味を抱いていた柳田に、作家の水野葉舟《みずのようしゅう》が、遠野の土淵《つちぶち》村出身の新進作家である佐々木を引き合わせた。

佐々木は柳田より十一歳年下で、当時二十二歳の青年だったが、故郷に伝わる昔話を数多く知っていた。以後、一年弱の期間に柳田が佐々木の下宿を数回訪れるなどして、方言交じりに佐々木が語る遠野の伝承を、柳田が書き留めた。聞き書きをひと通り終えた柳田は、明治四十二年八月に初めて遠野を訪れ、翌年六月に『遠野物語』を刊行した。

●三種類の完成前原稿

『遠野物語』が完成本として世に出るまでには、数段階の過程があった。

まず、和紙を二つ折りにして綴《と》じ合わせた冊子《さっし》に、佐々木の語った話をその都度《つど》書き足してゆく形で、草稿《そうこう》にあたる毛筆本《もうひつぼん》が作られた。この毛筆本は二冊に分かれ、一〇七話が収録されている。この段階では、人名、地名、数字などの一部を空白のままに書き留めたと思われる箇所が多くあり、後から事実関係を確認して空白を埋めた形跡が見られる。

その後、柳田は遠野に足を運び、現地での見聞を踏まえ、清書《せいしょ》原稿をペン書きで作成する。毛筆本からは、序文と題目のほか、本編一二話分が書き加えられ、本編は一一九話に増えている。

『遠野物語』の誕生

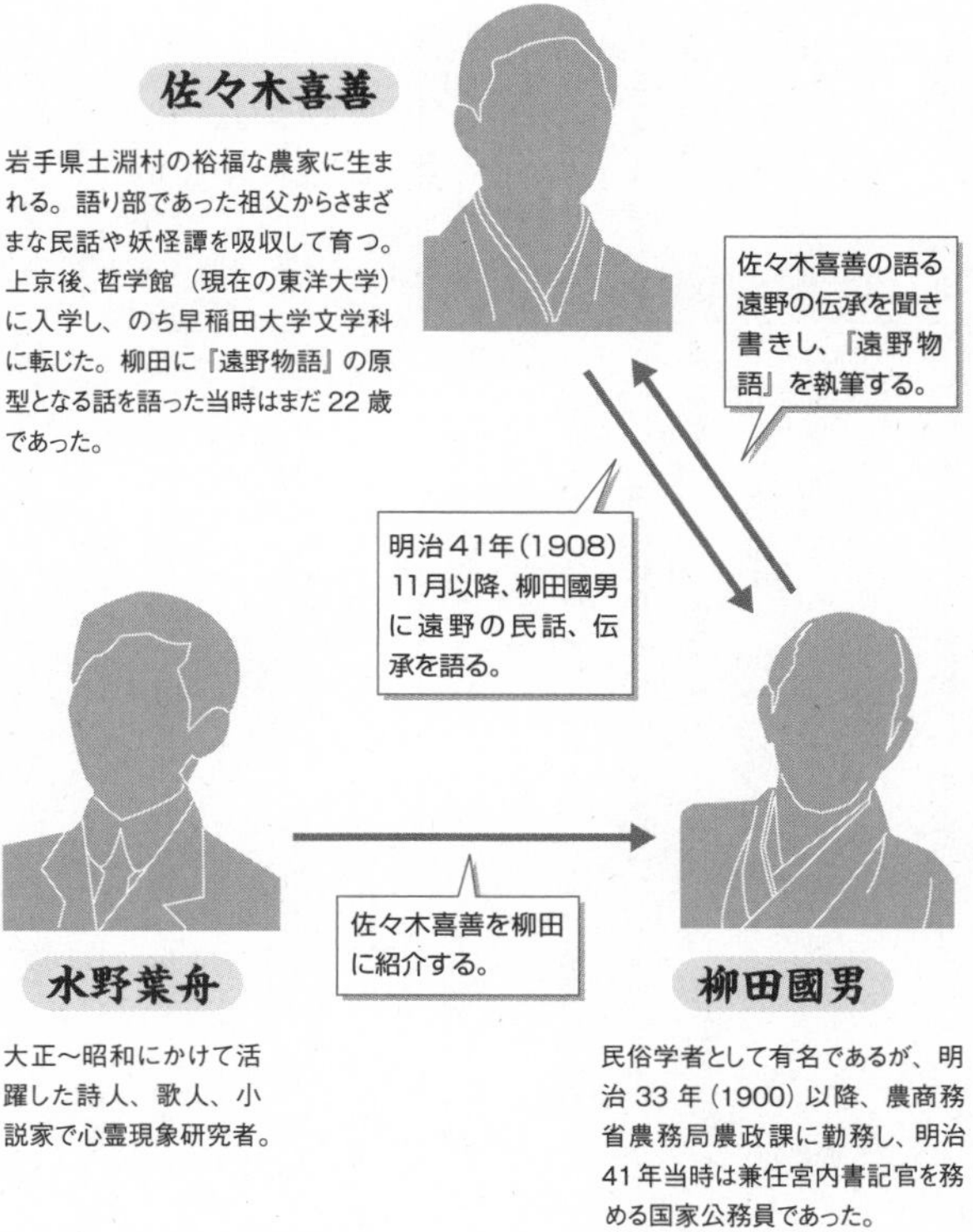
佐々木喜善
岩手県土淵村の裕福な農家に生まれる。語り部であった祖父からさまざまな民話や妖怪譚を吸収して育つ。上京後、哲学館（現在の東洋大学）に入学し、のち早稲田大学文学科に転じた。柳田に『遠野物語』の原型となる話を語った当時はまだ22歳であった。
佐々木喜善の語る遠野の伝承を聞き書きし、『遠野物語』を執筆する。
明治41年(1908)11月以降、柳田國男に遠野の民話、伝承を語る。
佐々木喜善を柳田に紹介する。
水野葉舟
大正～昭和にかけて活躍した詩人、歌人、小説家で心霊現象研究者。
柳田國男
民俗学者として有名であるが、明治33年（1900）以降、農商務省農務局農政課に勤務し、明治41年当時は兼任宮内書記官を務める国家公務員であった。

『遠野物語』は、佐々木喜善と柳田國男の出会いがなくては世に出ることはなかった。

この清書本を印刷所に回し、初校《しょこう》が刷られ、さらに、初校に書き入れた修正を反映した再校《さいこう》が刷られた。再校は印刷所に渡った後に破棄されたと見られ現存しないが、この段階でも、固有名詞が伏されるなど若干の修正が加えられたことが、初校と完成本の比較から判明している。

こうして、『遠野物語』完成前の原稿としては、毛筆本二冊、清書本、初校本の三種が残っていることになり、これらは、著者の柳田から、長野県松本《まつもと》市の政治家

佐々木喜善の略歴

明治19年（1886）	10月5日、岩手県土淵村（現在の岩手県遠野市土淵）に生まれる。
明治38年（1905）	この頃から佐々木鏡石の筆名で小説を発表し始める。
明治41年（1908）	この頃、柳田國男と出会い、遠野の伝承を語り伝える。
明治43年（1910）	大学を休学し、岩手病院へ入院後、郷里に帰る。
大正14年（1925）	土淵村村会議員・村長に就任する。
昭和4年（1929）	村長職を辞す。
昭和6年（1931）	『聴耳草紙』を刊行する。
昭和8年（1933）	9月29日、仙台の病院にて47歳で没する。

『遠野物語』の成立に深く関わった佐々木喜善は、その豊富な民話の知識から、金田一京助に「日本のグリム」と称された。

であった池上隆祐《いけがみたかすけ》に譲られ、現在は遠野市立博物館が所蔵している。

なお、『遠野物語』成立に重要な役割を果たした佐々木は、その後、遠野に戻り、民間伝承の記録と研究に注力する一方、村会議員や村長を務めるなど、地域行政にも貢献する。

そして、昭和八年（一九三三）に四十七歳で死去するまでに、『奥州《おうしゅう》のザシキワラシの話』『江刺郡《えさしぐん》昔話《むかしばなし》』『聴耳草紙《ききみみぞうし》』など多くの著書を残した。日本の昔話採録者の草分けといえる佐々木は、同郷のアイヌ語学者である金田一京助《きんだいちきょうすけ》から「日本のグリム」と称された。

佐々木喜善像

遠野市の伝承園に設置されている。同園内には佐々木喜善記念館もある。

こらむ・柳田國男を巡る人々①

田山花袋

『蒲団《ふとん》』などの小説で知られる作家、田山花袋《たやまかたい》と柳田國男《やなぎたくにお》は、明治二十三年（一八九〇）、松浦辰男《まつうらたつお》（萩坪《しゅうへい》）による歌塾の紅葉会で知り合った。花袋が四歳年長であったが、以後、両者は親交を深め、花袋は柳田を「畏友《いゆう》」として敬愛した。明治三十年代前半頃が二人の蜜《みつ》月《げつ》で、柳田は花袋の結婚の証人になり、花袋の子の名付け親にもなった。花袋がまだ結婚前の明治二十九年（一八九六）、銚子《ちょうし》で療養していた柳田のもとへ遊びに行き、詩や外国文学などの話に明け暮れたことは、両者にとって忘れ得ない思い出となったようだ。

花袋は柳田をモデルにした小説『かた帆』『こもり江』『野の花』『妻』を次々と発表する。地方在住の美貌《びぼう》の男子大学生と薄幸《はっこう》の少女との恋愛といった少女趣味の内容が多く、柳田はこれをあまり快く思わなかったようだ。

明治三十九年（一九〇六）、花袋が女弟子とのことを暴露《ばくろ》した『蒲団』を発表すると、柳田は「あんな不愉快で汚らしいもの」と評した。柳田は、身辺に題材をとった私小説を狭《きょう》小《しょう》な世界と批判し、花袋に方針転換を勧めていたという。一方、花袋は柳田の『遠野物《とおのもの》語《がたり》』を「道楽《どうらく》に過ぎやう」と批判し、以後、柳田からの批判は聞き流していた。

柳田は花袋を作家としては高く評価しなかったが、友人であることには変わりがなかった。昭和五年（一九三〇）、花袋の葬儀では柳田が友人代表として参列している。

第一章

神々と精霊

オシラサマ

馬に恋した娘が姿を変えた養蚕の神

あらすじ

農家の娘が馬に恋をして夫婦になった。それを知った父親は、馬を桑《くわ》の木に吊《つ》って殺してしまう。娘は大いに悲しむが、父親はさらに馬の首を切り落とす。娘は馬の首に乗り、天へ昇った（六九話）。遠野《とおの》の町周辺の伝説では、娘は馬の皮で小舟を作り、桑の木の櫂《かい》を操り海に漕《こ》ぎ出すも亡くなり、舟と娘の亡骸《なきがら》から湧き出した虫が蚕《かいこ》になったといい、土淵《つちぶち》村の伝説では、娘が天へ昇った後、庭の臼《うす》の中で、馬の頭に似た形の白い虫（蚕）が湧いたという（拾《しゅう》遺《い》七七話）。

●木の棒に布を着せた神

オシラサマは右の逸話《いつわ》から生まれた神とされる。東北地方の家庭で広く信仰され、神体《しんたい》は、「桑の木を削《けず》りて顔を描き、四角なる布の真中に穴を明け、之《これ》を上より通して衣裳《いしょう》とす」（一四話）とあるように、三〇センチほどの木の棒に布を着せた、男女一対の像である場合が多い。

布で頭を覆《おお》う包頭《ほうとう》型と、布に穴を開けて頭を出す貫頭《かんとう》型があるが、包頭型のほうが古いタイプで、岩手で現存する最古のオシラサマには大永《だいえい》五年（一五二五）の銘《めい》がある。

数が多いのは貫頭型である。

頭の形には烏帽子《えぼし》と姫頭《きとう》、馬頭《ばとう》と姫頭、二体とも丸頭《まるあたま》型などがあるが、元は馬頭であり、烏帽子や丸頭へと発展したと考えられている。

オシラサマ

遠野の家々に祀られるオシラサマは、貫頭型と包頭型があり、養蚕の神、子供の神、女性の神などさまざまな形で信仰されている。

さまざまな神格を持つオシラサマ

冒頭のあらすじはオシラサマが養蚕《ようさん》の神である由来を語るが、オシラサマには、ほかにもさまざまな性格があり、眼の神、女性の病気の神、子供の神（拾遺七八話）、さらには狩りの神（拾遺八三、八四話）としても信仰されていた。

遠野で養蚕が始まったのは近世以降で、オシラサマのある家が養蚕をしていた例は少ないという。

それよりも、オシラサマに供《そな》えた水を眼に付けるなど、眼の神として信仰された例が多く伝えられている。柳田は、もともとはオシラサマと養蚕に関わりはなく、馬を愛する土地の気風から馬と娘の恋物語が語られ、養蚕が盛んになるに従い、養蚕の神に結び付けられたと推測している。

狩人の家に伝わる巻物には、オシラサマは狩人の秘密道具の一つで、「狩の門出《かどで》にはおしらさまを手に持ちて拝むべし。その向きたる方角必ず獲物あり」（拾遺八三話）とある。このことから、オシラサマという名称は「御知らせ様」から来たと見る説もある（拾遺八四話）。さらに、火事を告げたり、田植えを手伝った（拾遺七六話）などといった伝承もある。

オシラサマの由来譚

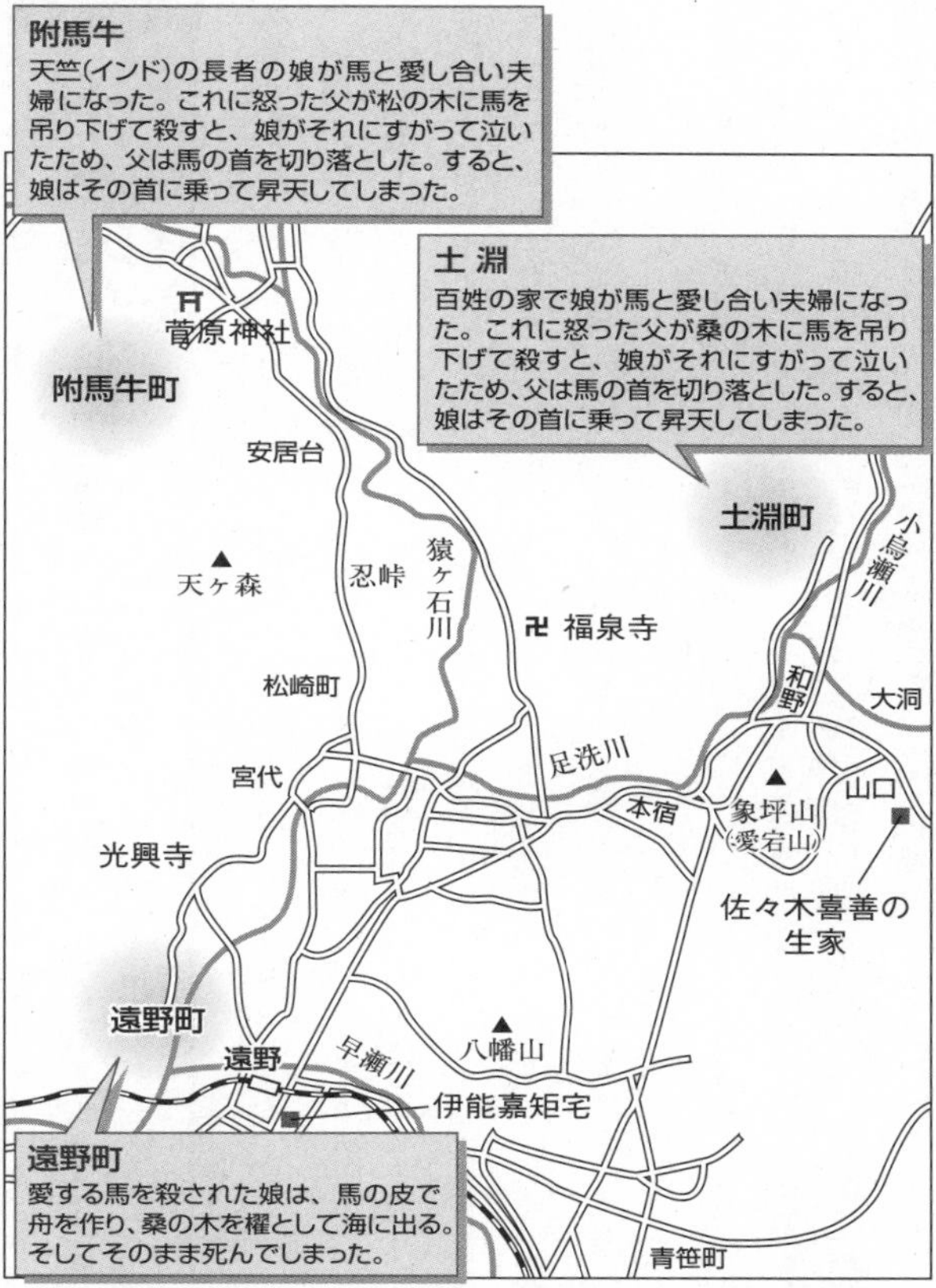
附馬牛
天竺(インド)の長者の娘が馬と愛し合い夫婦になった。これに怒った父が松の木に馬を吊り下げて殺すと、娘がそれにすがって泣いたため、父は馬の首を切り落とした。すると、娘はその首に乗って昇天してしまった。
土淵
百姓の家で娘が馬と愛し合い夫婦になった。これに怒った父が桑の木に馬を吊り下げて殺すと、娘がそれにすがって泣いたため、父は馬の首を切り落とした。すると、娘はその首に乗って昇天してしまった。
遠野町
愛する馬を殺された娘は、馬の皮で舟を作り、桑の木を櫂として海に出る。そしてそのまま死んでしまった。
菅原神社
附馬牛町
安居台
土淵町
小烏瀬川
天ヶ森
忍峠
猿ヶ石川
福泉寺
松崎町
和野
大洞
足洗川
宮代
山口
本宿
象坪山
(愛宕山)
光興寺
佐々木喜善の生家
遠野町
八幡山
遠野
早瀬川
伊能嘉矩宅
青笹町

オシラサマの由来は土淵の伝説が最も有名であるが、じつは遠野のなかでも土地によって異なっている。

オクナイサマ

農作業を手伝い一家に利益をもたらす守護神

あらすじ

田植えの際に人手が足らず困っていると、どこからともなく小僧がやって来て、土を掻《か》きならすのを手伝ってくれた。小僧はいつのまにか姿を消したが、手伝ってもらった農民が家に帰ると、泥《どろ》の足跡がオクナイサマの神棚《かみだな》まで続いていた。神棚の扉を開けると、神像の腰から下が泥まみれになっていた。小僧の正体はオクナイサマであった（一五話）。

多くの幸をもたらす神

オクナイサマは、オシラサマと同じく東北地方の大同《だいどう》（旧家）に多く見られる家神である。大同とは坂上《さかのうえの》田村麻呂《たむらまろ》が蝦夷《えみし》討伐をした時の年号で、この頃に甲斐国《かいのくに》（山梨県）から移り住んだ家をこう呼ぶという（二四話）。

遠野のオクナイサマ

桑の木を削って顔を刻む。
四角い布に穴を開けて人形を通し、衣装とする。

小僧の姿となって田植え仕事を手伝ったといわれる、阿部家のオクナイサマ。

オクナイサマの神体は、オシラサマと同じ棒状型のほか、阿弥陀如来《あみだにょらい》になった木像、掛軸《かけじく》として描かれているものなど、各種存在している。冒頭の、田植えを手伝ったというオクナイサマは、丈《たけ》が七〇センチほどの仏像である。

オクナイサマの語源については、「行神《おこないがみ》」、「屋内様《おくないさま》」など諸説がある。「おこない」とは修法《しゅほう》、あるいは農作物の豊穣《ほうじょう》を願う農事儀礼を指すという。

「オクナイサマを祭れば幸多し」（一五話）とあるように、基本的には一家に利益をもたらす神とされる。田植えを手伝った話のほかにも、夜中に忍び込んだ泥棒をオクナイサマが朝方まで金縛《かなしば》りにして、物を盗まれずに済んだという話もある。その泥棒は、オクナイサマにお詫びをすることで、ようやく手足が自由になったという（拾遺七四話）。

また、佐々木喜善《ささききぜん》の著作には、火事の際にオクナイサマが小僧の姿になって火を消してくれた話や、留守中に干しておいた筵《むしろ》を畳んで納屋《なや》に入れてくれた話などが紹介されており、一家の守護神、手伝い神の役割を果たしていたようである。

オシラサマとオクナイサマの関係

このように、神格においてオシラサマとの共通点が多いオクナイサマだが、神体も似ていて、木の棒の先を削って顔を描き、布をかぶせる形態が一般的である。

オシラサマのいる家には必ずオクナイサマも一緒にいるが、オクナイサマだけがいる家もある（七〇話）といい、オクナイサマのほうが歴史が古いと見られる。ただし実際に調査した結果では、オシラサマとオクナイサマの両方がいる家は非常に少なく、オシラサマだけの家が圧倒的に多かったという。

オクナイサマの存在感が希薄になっている印象は否めないが、もともとは、オシラサマや座敷童子《ざしきわらし》なども合わせた、原始神の総括的名称だったとされる。

土淵の水車小屋

かつての田園風景を伝える、土淵の山口地区に残る水車小屋。

土淵のオクナイサマ関連伝承

阿部家
木像の姿で表わされ、田植えを手伝ったという伝承が残る。
土淵町栃内
佐々木喜善の生家
山口
佐々木喜善の墓
常堅寺
柏崎
土淵町山口
河童淵
山口川
相沢の滝
阿修羅社
土淵町柏崎
大洞家
木像のオクナイサマと掛け軸を祀る。
土淵町飯豊
辻石家
掛け軸の形で祀られる。
土淵町土淵
飯豊
南沢家
掛け軸の仏画として表わされ、盗人の動きを封じ、家財を守ったという。
大同の家

土淵のいくつかの家々では、オクナイサマが代々祀られてきた。

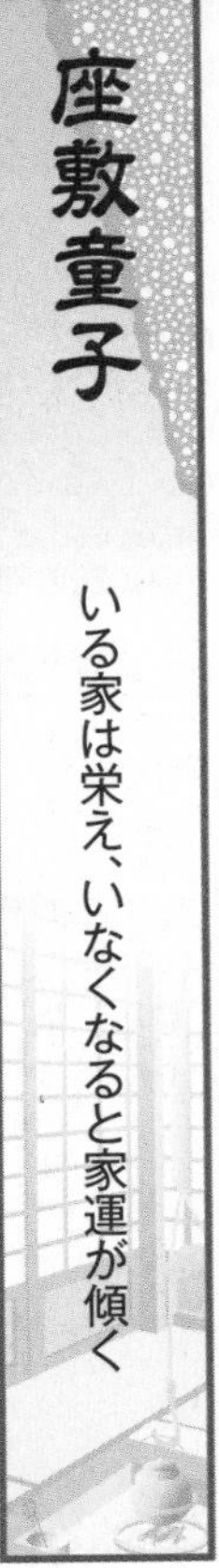

座敷童子

いる家は栄え、いなくなると家運が傾く

あらすじ

土淵村の山口《やまぐち》家には女の子の座敷童子《ざしきわらし》が二人いると伝えられていた。あるとき、村の男が二人の娘に出会い、どこから来たかと尋ねた。娘たちは「山口の家から出てきて、どこそこの家に行く」という。男は、座敷童子が二人とも出て行ったとなれば山口家もこれまでかと思ったが、ほどなく、山口家の主従二十数名が茸《きのこ》の毒に当たって死に絶えた。ただ一人、七歳の女の子が生き残ったが、その後、子供がないまま年老いて病死した。一方、座敷童子が移り住んだ家は、立派な豪農として今も続いている（一八話）。

●旧家に隠れ住む子供の神

座敷童子は東北地方の旧家の奥座敷などに出没する神霊《しんれい》で、十二、三歳くらいの

座敷童子の祖型とされる精霊(左)

出典：『雨月物語』上田秋成

山口孫左衛門家の没落

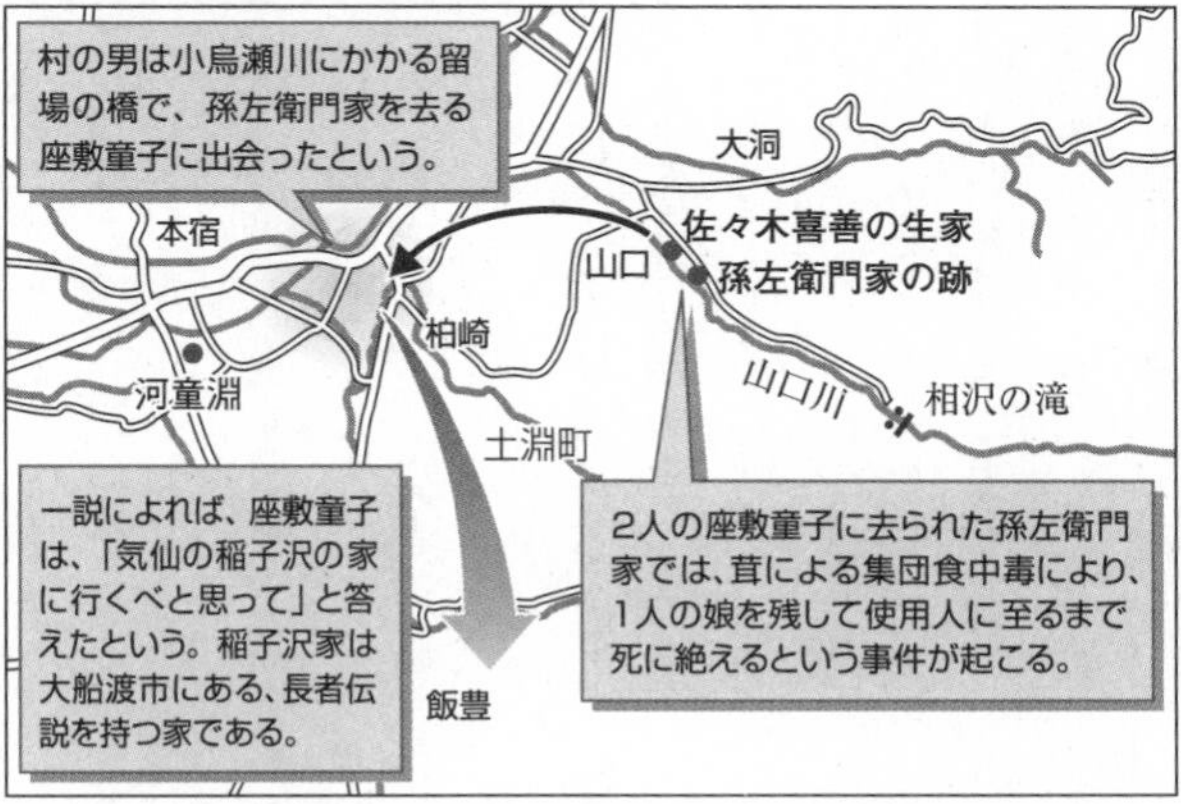
村の男は小烏瀬川にかかる留場の橋で、孫左衛門家を去る座敷童子に出会ったという。
大洞
本宿
佐々木喜善の生家
山口
孫左衛門家の跡
柏崎
河童淵
山口川
相沢の滝
土淵町
一説によれば、座敷童子は、「気仙の稲子沢の家に行くべと思って」と答えたという。稲子沢家は大船渡市にある、長者伝説を持つ家である。
飯豊
2人の座敷童子に去られた孫左衛門家では、茸による集団食中毒により、1人の娘を残して使用人に至るまで死に絶えるという事件が起こる。

かつて山口には孫左衛門という長者がいたが、『遠野物語』17 話によれば、座敷童子に去られたことで没落したといわれている。

子供の姿で、顔色は赤っぽく、オカッパ頭であることが多いという。

ふだんは姿を見せない座敷童子だが、たまに、住人の前に現われたり、気配《けはい》を感じさせたりする。

土淵村の今淵《いまぶち》家では、帰省中の娘が、家の廊下で男の子の座敷童子と出くわしたといい、また、佐々木喜善の母は、不在の部屋から物音がするので「怪《あや》しと思ひて板戸を開き見るに何の影も無し。暫時《しばらく》の間坐《すわ》りて居ればやがて又頻《しきり》に鼻を鳴す音あり。さては座敷ワラシなりけりと思へり」という（一七話）。

見知らぬ子供が自分の家に隠れ住むというのは、何か気味の悪さも感じられるが、座敷童子には、その家の盛衰《せいすい》を左右するという重要な性質があった。

座敷童子がいる家は裕福になり栄えるが、いなくなると家運が傾くと考えられたのである。

冒頭の話はその典型例だが、ほかにも同様の話がいくつか見られ、附馬牛《つきもうし》村では、座敷童子がいるとされていた家から、ある日、赤い振袖《ふりそで》を着た十歳くらいの女児が出て行って別の家に入っていったという噂《うわさ》が立ち、以降、その両家は明暗が分かれたという。女児が入っていった家を、あるとき、近所の娘が不意に訪問したところ、

岩手県の座敷童子分布図

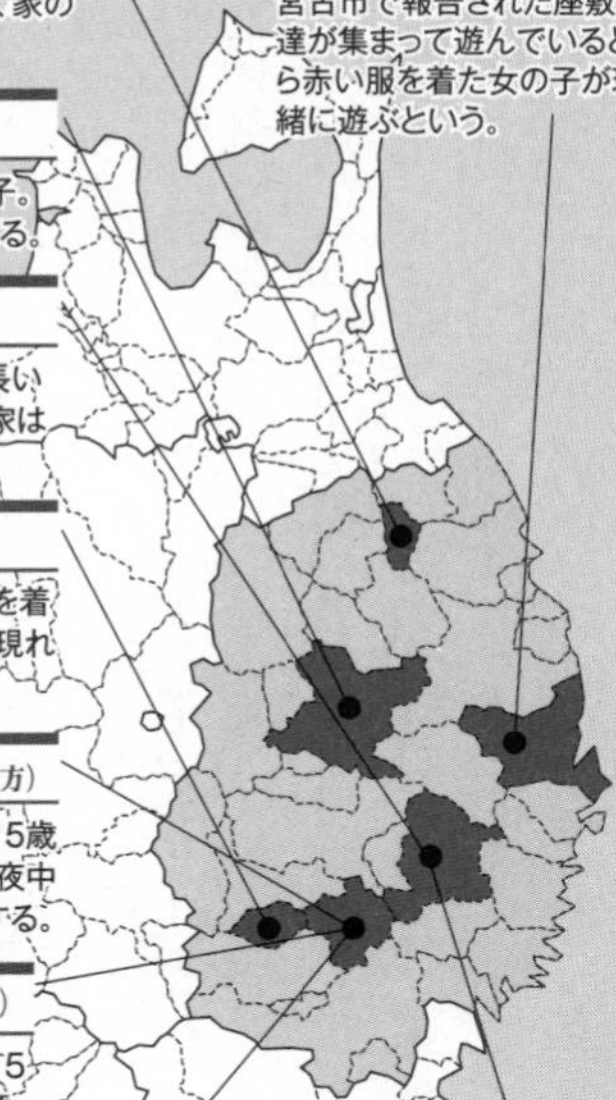

二階わらし（九戸村）

岩手県九戸地方の座敷童子で、家の二階に住むといわれる。

座敷ぼっこ（盛岡市）

盛岡市、北上市周辺の座敷童子。真っ赤な顔をした男の子とされる。

細《ほそ》手《て》長《なが》手《て》（遠野市）

遠野市に現れた座敷童子。細長い手で手招きし、見た者、現れた家は不幸に見舞われるという。

カラコワラシ（金ヶ崎町）

金ヶ崎町の座敷童子。黒い服を着た童子の姿をしており、夜中に現れて柄杓を求めたという。

臼《うす》搗《つ》きわらし（奥州市江刺地方）

北上市･奥州市の座敷童子。4、5歳ぐらいの童子の姿をしており、夜中に現れて石臼で米をつくなどする。

チョウピラコ（奥州市江刺地方）

北上市･奥州市の座敷童子。4、5歳ぐらいの童子の姿で、座敷童子のなかで最も色白だという。

ノタバリコ（奥州市江刺地方）

北上市･奥州市の座敷童子。4、5歳ぐらいの男の子の姿をしており、夜中に土間から茶の間にかけて這い回る。

隅《すま》こわらし（宮古市）

宮古市で報告された座敷童子。子供達が集まって遊んでいると、土間から赤い服を着た女の子が現われ、一緒に遊ぶという。

蔵ぼっこ（遠野市）

遠野市の蔵に潜む座敷童子。穀物を蔵に撒き散らしておくと、子供の足跡が残される。蔵ぼっこがいなくなった家は、しだいに家運が傾くという。

出典：『日本妖怪大百科 VOL.5』（講談社）

座敷童子の伝説は、東北地方、とくに岩手県を中心として、宮城県、青森県、山形県などに数多く伝わっている。

神棚の下に座敷童子がうずくまっているのを見かけたので、驚いて戻ってきたという話もある（拾遺九一話）。

●河童と念仏童子

座敷童子の正体に関しては、川や泉からやって来たという伝承があることから、河童《かっぱ》と重ね合わされることもあり、また、家を新築する際、童形《どうぎょう》の人形を埋める風習が起源ともいわれる。

さらには、間引《まび》きのためにひそかに圧殺《あっさつ》されて土間《どま》などに埋められた、赤子《あかご》の霊魂だとする見方もある。

このほか、江戸時代の飢饉《ききん》の際、盗みをしたため座敷の櫃《ひつ》の中で無残に亡くなった童子《どうじ》の霊魂だという説もある。その霊魂は、座敷で「南無阿弥陀仏《なむあみだぶつ》」と唱《とな》えれば梁《はり》の上から子供の声で「南無阿弥陀仏」と唱えて人々を驚かせたので、「念仏童子《ねんぶつ》」と呼ばれたという。

座敷童子の伝承は東北地方で広く見られ、二百例以上が報告されている。家の盛衰に関する話は、貧富の差などの理由付けとして伝えられていったとも推測できる。

第一章
神々と精霊

遊ぶ神様

子供を叱った大人が、逆に神様の怒りを買う

あらすじ

土淵村に馬頭観音《ばとうかんのん》があった。近所の子供らがその像を持ち出して、投げ転ばしたり、橇《そり》にするなどして遊んでいた。それを別当殿《べっとうどの》が叱《しか》ると、その夜、別当殿は病気になった。巫女《みこ》に神託《しんたく》してもらうと、「せっかく子供らと面白く遊んでいたのに、お節介《せっかい》されて気にさわった」という。別当殿が観音に詫《わ》びを入れたところ、回復した（拾遺五一話）。

神様の遊び

拾遺五一～五五話には、仏像で遊ぶ子供を叱った大人が、その後に祟《たた》られたという話が紹介されている。

登場する像は阿修羅社《あしゅらしゃ》の三面の仏像、十王《じゅうおう》の仏像、大師様《だいし》の像などさまざまだが、

話の筋はどれも似ていて、像を引きずり回したり、馬にして遊んだりといった、罰《ばち》当《あ》たりに見える子供の行動を大人が叱る。

すると、その叱った大人が、その夜に発熱したり、夢に神様が出て来て、「遊びの邪魔をした」と逆に叱られてしまうという内容である。その後、巫女（イタコ・イダコ）に頼んで神様にお詫びをして、病気は治ることが多い。

菅原神社の獅子踊り

祭りと子供は切っても切れない関係にある。神々も、しばしば子供に乗り移り神託を伝えることがあった。（写真提供：遠野市観光協会）

似た筋の話が多いなかで、拾遺五六話は少し変わっている。遠野町の政吉爺《まさきちじい》さんが幼い頃、友達と隠れんぼをしていて、疱瘡《ほうそう》の神である姥神《うばがみ》様の背後に入り込んだまま眠ってしまった。すると、「起きろ」と姥神様が三度も起こしてくれた。あたりはすっかり暗くなっていたが、その後、探しに来た家族や村人

子供と遊ぶ神々

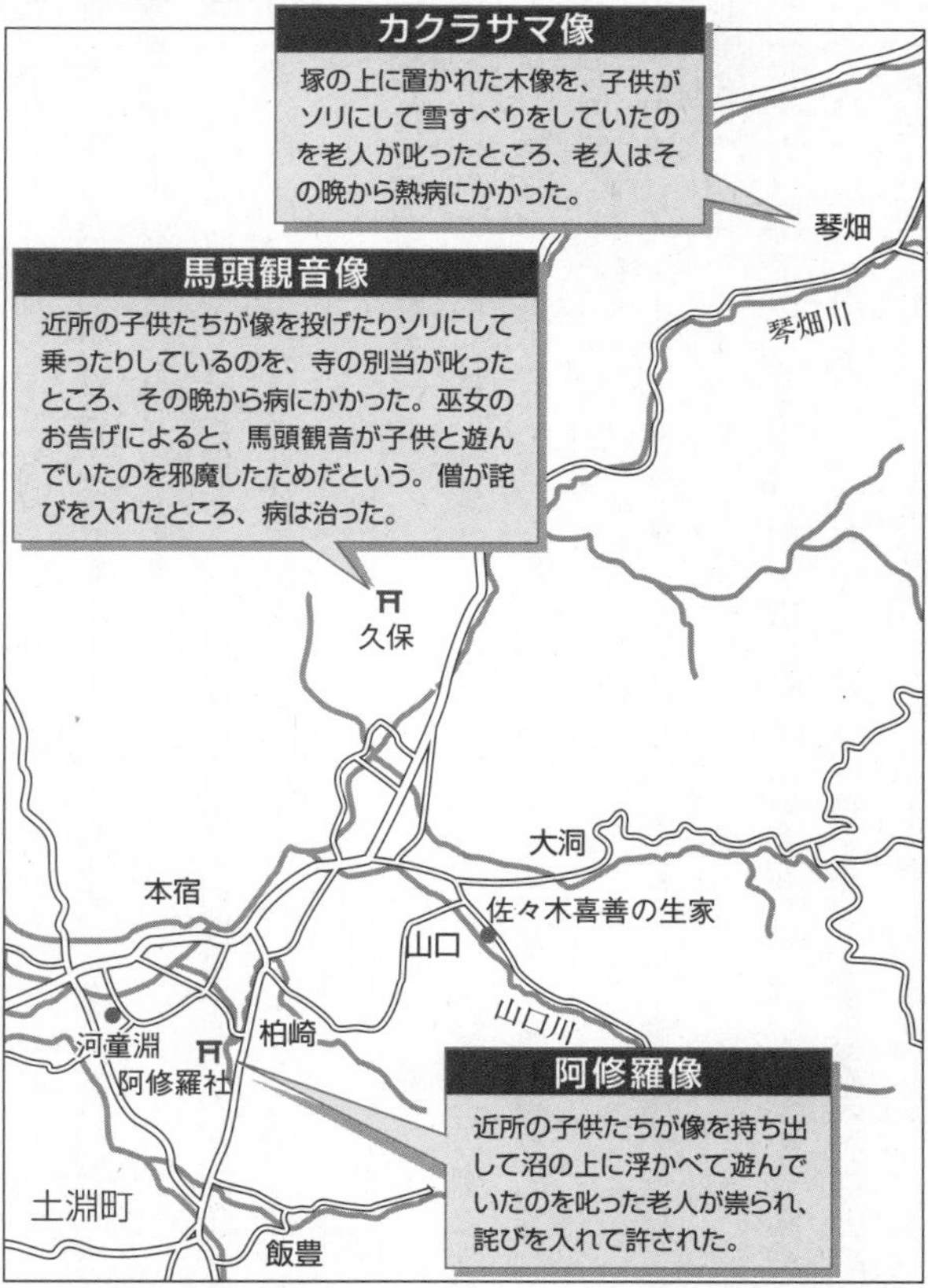
カクラサマ像
塚の上に置かれた木像を、子供がソリにして雪すべりをしていたのを老人が叱ったところ、老人はその晩から熱病にかかった。
琴畑
馬頭観音像
近所の子供たちが像を投げたりソリにして乗ったりしているのを、寺の別当が叱ったところ、その晩から病にかかった。巫女のお告げによると、馬頭観音が子供と遊んでいたのを邪魔したためだという。僧が詫びを入れたところ、病は治った。
琴畑川
久保
大洞
本宿
佐々木喜善の生家
山口
山口川
河童淵
柏崎
阿修羅社
阿修羅像
近所の子供たちが像を持ち出して沼の上に浮かべて遊んでいたのを叱った老人が祟られ、詫びを入れて許された。
土淵町
飯豊

現在も残る土淵と遠野の寺社のなかには、仏像で遊ぶ子供を叱った者が逆に神仏の怒りを買うという逸話が伝わっている。

に発見され、無事に帰ったという。

神様が子供と遊ぶのを好み、それを大人が咎《とが》めたら祟られたという話は、東北だけなく、中部地方などにも見られるという。

柳田は七二話の注で、その例として、遠江小笠郡大池村東光寺《とおとうみおがさぐんおおいけむらとうこうじ》の薬師仏《やくしぶつ》、駿河《するが》安倍郡豊田村曲金《あべぐんとよだむらまがりかね》の軍陣社《ぐんじんじゃ》の神、信濃筑摩郡射手《しなのちくまぐんいて》の弥陀堂《みだどう》の木仏を挙げている。

子供の持つ不思議な力

民俗学《みんぞくがく》の世界においては、神様と子供との関わりは古い。座敷童子の例に見られるように、神様が子供の姿になって現われたり、神様が子供に乗り移って神託《しんたく》を伝えるなどの例も多い。

また、小正月《こしょうがつ》に子供たちが鳥を追い払う「鳥追い《とりおい》」など、子供主体の伝統行事も、神様と子供の関係を示すものといえる。

日本古来の信仰では、七歳までの子供は神に近い存在とされ、子供の言葉や行動にはある種の威力があると信じられていた。座敷童子や、子供と遊ぶ神様といった伝承の背景には、こうした土着的《どちゃくてき》な信仰の影響があると見てよいだろう。

第一章
神々と精霊

物言い大黒

供えたお神酒を「おまえたちが飲め」と勧める大黒

あらすじ

妙泉《みょうせん》寺《じ》の大黒《だいこく》様では毎朝、酒好きの寺男《てらおとこ》がお神酒《みき》を奉《ささ》げる役目を務めていた。寺男は、お神酒を自分で飲みたいと思いながら供《そな》えていたが、あるとき、大黒様が「俺はええから、お前たちが持って行って飲め」と口をきいた。驚いた寺男が逃げ帰って仲間にこのことを伝えたが、誰も信じない。ためしに仲間の男がお神酒を持って行って供えたところ、再び大黒様が「そっちへ持って行って飲め」と口をきいた。以降、この神様は「物言《ものい》い大黒」と評判になった（拾遺一二六話）。

早池峯山の大黒様は三面一本脚

大黒様といえば、日本では七福神《しちふくじん》のひとつである福《ふく》の神《かみ》として信仰され、仏教で

全国の大黒信仰

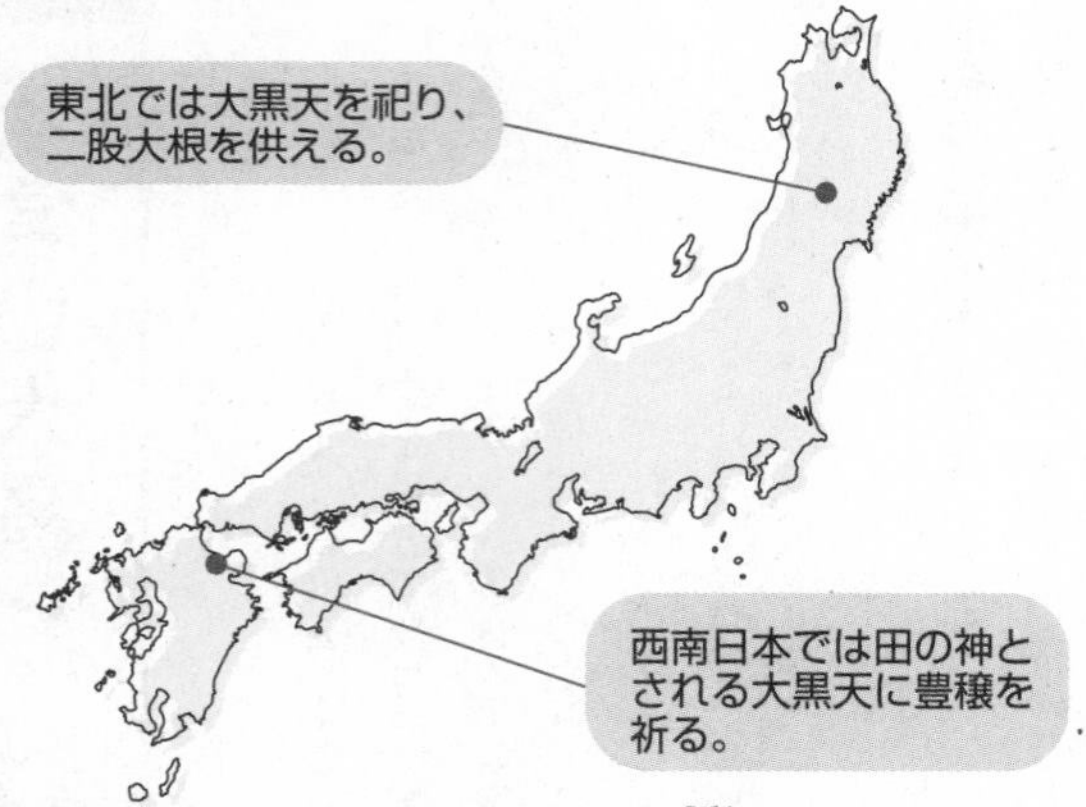
東北では大黒天を祀り、二股大根を供える。
西南日本では田の神とされる大黒天に豊穣を祈る。

大黒信仰は全国に広く分布し、関東・東北では戎《えびす》とともに祀られることが多い。

は大黒天、神道《しんとう》では大国主命《おおくにぬしのみこと》とも呼ばれる。

もともと大黒天は、インドの荒々しい神であったのだが、仏教とともに日本にもたらされ、米俵を担いだ姿から大国主命と習合《しゅうごう》し、福徳円満《ふくとくえんまん》の姿へと変貌した。

やがて、遊芸人らの大黒舞《まい》によって、その信仰は民間の間にも広まり、稲作、食物神として崇敬《すうけい》を集め、農家の台所の戸棚や柱などに祀《まつ》られるようになった。さらに、えびす様とともに商業神としても広く信仰された。

遠野においても大黒様はなじみ

大黒天像

五穀豊穣の神として田畑に祀られる大黒天。

マハーカーラと大黒天

マハーカーラ （マハーは「大」、カーラは「黒」の意）	名称	大国主命 （大物主神、大国魂神など別称あり）
インド神話	出身	日本神話
忿怒相	容姿	端麗な美男子
破壊をつかさどる戦闘神	性格	地上を治める国造りの神

習合

↓

大黒天

大黒様として親しまれる大黒天は、インドの破壊神マハーカーラと、日本神話の大国主命が習合して生まれた神である。

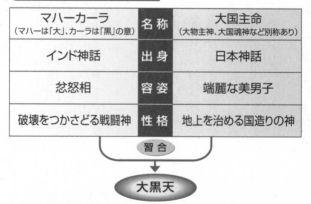

の深い神様で、早池峯山《はやちねさん》の主は三面一本脚の大黒様であり、現在の早池峯山の本尊《ほんぞん》である十一面観音《じゅういちめんかんのん》は、その三面大黒のお腹仏《はらぼとけ》だと語り伝えられており、早池峯山の別当寺《べっとうじ》が大黒山妙泉寺という名前であるのも、大黒様との由縁《ゆえん》によるものだという（拾遺一二六話）。

冒頭の話に出てくる「物言い大黒」は、毎朝、酒を飲みたいのを我慢してお供えをしてくれる寺男の気持ちを思いやったのだろうか。

大黒様に二股大根を供える理由

日本各地で人気の高い大黒様だが、東北地方では、十二月十日に行なう大黒様の年取りにおいて、二股大根《ふたまただいこん》（枝《えだ》大根）を供えるという独特の風習がある。それは次のようなものだ。

あるとき、大黒様が餅《もち》を食べ過ぎて死にそうになったところ、母親から大根を食べるように言われたので、探しに出かけた。途中、川で大根を洗っている下女《げじょ》を見かけ、一本譲って欲しいと頼むが、「主人に数を数えられているので、差し上げられません」と断られてしまう。

早池峯山

遠野三山の一つである早池峯山の主は、三面一本脚の大黒様と伝わる。

しかし、大黒様の落胆《らくたん》ぶりを見て気の毒に思ったのか、下女は二股大根を二つに裂き、これならば本数は変わらないからと、その一つをくれた。おかげで、大黒様は命拾いしたという（拾遺二七六話）。

これが、大黒様の年取りで二股大根を供えるようになった由来譚《ゆらいたん》であるが、餅を食べ過ぎて死にそうになるとは、何とも人間くさい大黒様だ。

大根は、古来、さまざまな民間療法に用いられており、ここでは胃腸薬の役割を果たしたのだと考えることが出来る。

第一章
神々と精霊

コンセサマとオコマサマ

男根を神体とする
二つの神様

あらすじ

コンセサマ（金精様《こんせい》）を祀っている家も少なくない。この神の神体はオコマサマ（お駒様《こま》）とよく似ている。オコマサマの神社（駒形神社《こまがた》）も村里には多い。石または木で男根《だんこん》を作って奉納《ほうのう》する（一六話）。

家々に祀られたコンセサマ

コンセサマとオコマサマは、いずれも男根をかたどった神様で、遠野では広く信仰されていた。男根には生命をもたらす呪力《じゅりょく》があるとされ、農業神、縁結びや出産の神、村境にあって災いを防ぐ道祖神《どうそじん》など、さまざまな形で信仰された。

コンセサマは、山崎《やまざき》、程洞《ほどぼら》、荒川《あらかわ》など、遠野の各所に祀られていた。さらに、土淵村から小国《おぐに》へ越える立丸峠《たちまるとうげ》の頂上には、昔は石神《いしがみ》があり、今では男根の形を大

コンセサマ

コンセサマは縁結びや出産、農業など、生命力に関わる神として広く信仰された。木や石で男根をかたどって奉納されることが多い。

木に彫刻してあるという（拾遺一六話）。明治の頃、土建工事を請け負う近江屋伊三郎《おうみやいさぶろう》親分が、村人たちを立丸峠の頂上に招集したが、当日、親分が現われなかったため、村人たちが腹いせに、峠に立つ大木に鉈《なた》で巨大な男根を彫り、そこに親分の名を刻んだらしい。

馬の守護神オコマサマ

男根を神体とするもう一つの神様であるオコマサマは、主に東日本で信仰された馬の守護神で、現在では駒形神社と呼ばれていることが多い。

岩手県は全国一の馬の産地で、馬との結び付きは深い。なかでも「一六市日の馬三千」と言われた遠野には、附馬牛町の駒形神社、綾織《あやおり》町の駒形神社、上組《かみくみ》町の駒形神社など多くの駒形神社があり、神体である男根の傍《かたわ》らには女陰石《にょいんせき》が配されていた。

駒形神社

綾織地区に鎮座し、オコマサマを祀る駒形神社。オコマサマは東北から関東へかけての東日本で信仰されてきた馬の神でもある。

拾遺一五話では、綾織村の駒形神社の由来が述べられている。昔、五月の田植えの際に、目鼻がないのっぺりした顔に赤い頭巾《ずきん》をかぶせた子供を背負う、不思議な風体《ふうてい》の旅人が通りかかった。

旅人はこのあたり

柳田國男が削除したオコマサマ伝承

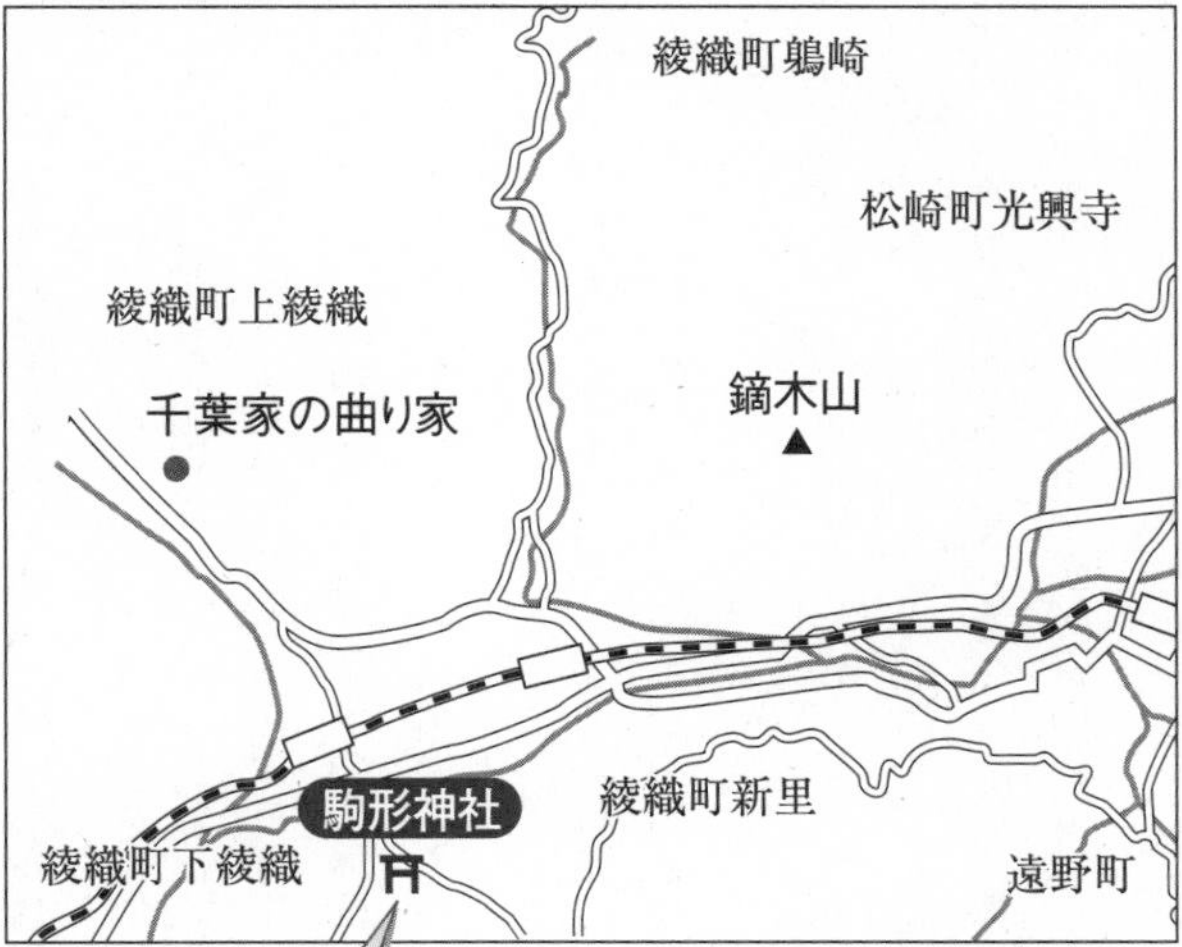

柳田は旅人がやってきて休み、この地で死んだということを紹介するのみだが、実は「赤子のようなもの」の記述は巨根を表わすものであり、その後この旅人は村の女房たちの援助で小屋を建てて住み着いたという。しかも、女房たちは時折男を訪ねて交わっていた。男は死ぬときになって、里の女で腰の病に苦しむ者の守護神になるだろうと言って死んだ。これが駒形神社の起源だという。

佐々木喜善は遠野の民話を語る際、性風俗に関する伝承も語ったと考えられるが、柳田はあえて削除している。駒形神社の伝承もその一つで、佐々木が後に発表した作品には『遠野物語』後の伝説が語られている。

で休んだ、あるいはこの地で死んだと伝えられ、その後、その場所に神社が設けられたという。

これだけでは神社の由来がよくわからないが、佐々木喜善の「難婚今昔譚《なんこんこんじゃくたん》」という文章には、さらにくわしい事情が記されている。

それによると、頭巾をかぶせた子供の正体は旅人自身の巨大な男根で、不具《ふぐ》の身を嘆き悲しむ男を気の毒に思った村の女たちは、男のために小屋を作り、ときどき訪ねては慰めた。

感謝した男は死に際に、女性、あるいは腰の病気にかかった人の守護神になると言い残した。こうして、男根形の石が奉納され、オコマサマとして祀られたということである。

このオコマサマを家々に祀ったのがコンセサマだといい、どちらも遠野ではなじみの深い神様だが、『遠野物語』『遠野物語拾遺』を合わせても三例しか収録されておらず、内容も簡略化されている。これは、柳田の潔癖《けっぺき》な性格によるもの、あるいは、新しい学問である民俗学が好奇の目で見られるのを避ける配慮ではないかと見られている。

第一章
神々と精霊

ゴンゲサマ

気性が荒く、喧嘩で片耳を失くした火伏せの神

あらすじ

ゴンゲサマは、神楽舞《かぐらまい》の各組に一つずつ備わっている木彫の像で、獅子《しし》頭《がしら》とよく似ている。あるとき、新張《にいばり》にある八幡《やはた》神社の神楽組のゴンゲサマと、土淵村字《あざ》五日市《いつかいち》の神楽組のゴンゲサマが、道で出会い喧嘩《けんか》となった。新張のゴンゲサマは喧嘩に負けて片耳を失ったので、今も片耳がないという（一一〇話）。

●喧嘩で片耳を失くした耳取権現

ゴンゲサマはゴンゲンサマともいい、人々を救うために仏が人の姿となって現われるとされる権現《ごんげん》のことである。遠野のゴンゲサマは、獅子頭に似た木彫りのお面《めん》で、かつて、遠野周辺の山伏《やまぶし》がこのお面を奉じて各家を祈祷《きとう》して回ったという。その後、お面は各集落の神楽組に受け継がれ、神楽舞は正月の年中行事となっている。

ゴンゲサマは、活発で気性の荒い神様であるらしい。鱒沢《ますざわ》村の若者たちが小正月の晩に神楽舞をしたところ、自分も踊りたいといって座敷で暴れだし、始末に負えない。そのため、若者たちは神楽舞の前に、ゴンゲサマを土蔵《どぞう》へ閉じ込めたりもしたという（拾遺五七話）。

冒頭の話のように、喧嘩っ早いのもゴンゲサマの特徴だ。宮守《みやもり》村字塚沢《あざつかざわ》の多田《ただ》家の権現も、よその村の権現と出会って喧嘩になり片耳を取られたため、耳取《みみとり》権現と呼ばれている（拾遺五九話）。

附馬牛村の山本家に八幡のゴンゲサマが泊まったときは、並べておいた二体のゴンゲサマが夜中に互いを嚙《か》み合う騒動となった。その結果、八幡のゴンゲサマが片耳を食いちぎられ、今も片耳がないという（拾遺五八話）。実際、遠野郷八幡宮のゴンゲサマは片耳だったというが、その後、盗まれたため代替わりし、現在では両耳が揃《そろ》っている。

自ら火を消す火伏せの神

暴れたり喧嘩をしたりと、何か厄介者《やっかいもの》にも見えるゴンゲサマだが、その霊験《れいげん》は名

八幡神社のゴンゲサマ

南部領の権現は、神意を獅子頭に移したものを指し、「ゴンゲサマ」と呼ばれて信仰された。（写真提供：遠野市観光協会）

権現とは

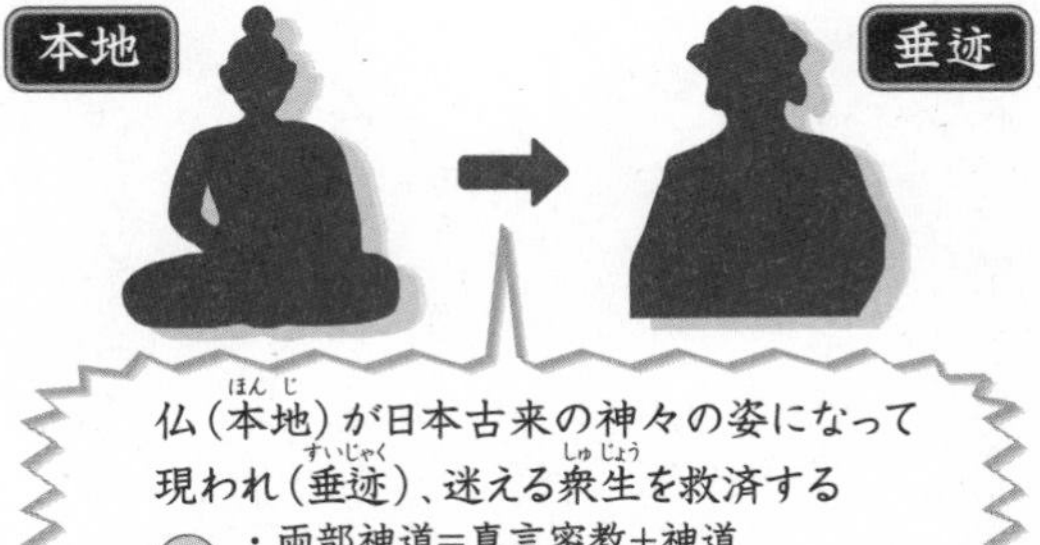
本地
垂迹
仏（本地《ほんじ》）が日本古来の神々の姿になって
現われ（垂迹《すいじゃく》）、迷える衆生《しゅじょう》を救済する
例
・両部神道＝真言密教＋神道
・山王神道＝延暦寺＋日吉神社

権現とは、仏教の世界においては、仏が人々を救うために日本古来の神々の姿に化身して現われたものとされる。そのもとになったのが、10 世紀頃に生まれた本地垂迹説である。

高い。

頭痛に悩む子供の頭を噛むと頭痛が治るといい、また、「ゴンゲサマの霊験は殊《こと》に火伏《ひぶせ》に在り」（一一〇話）とあるように、頭痛だけでなく火事までも噛み消してしまうという。

八幡神社の神楽組が附馬牛村に行った際、ある家に泊めてもらった。伏せた五《ご》升《しょう》桝《ます》の上にゴンゲサマを置いて寝たが、「夜中にがつがつと物を噛む音のするに驚きて起きて見れば、軒端《のきば》に火の燃え付きてありしを、桝の上なるゴンゲサマ飛び上り飛び上りして火を食ひ消してありし也」（一一〇話）と、ゴンゲサマが自ら消火に飛び回っていたという。

拾遺五九話の耳取権現も、夜中に失火があった際、座敷で暴れて人を起こし、自ら飛び回って火を噛み消していたという。

このご利益《りやく》を示すかのように、遠野の八幡神楽では、ゴンゲサマの口から赤い布切れを出したり、飲み込んだりするという。

さらに昔は、巡業先の宿などで本物の燃えさしを咥《くわ》えて踊り、防火を祈っていたという。

ゴンゲサマの戦い

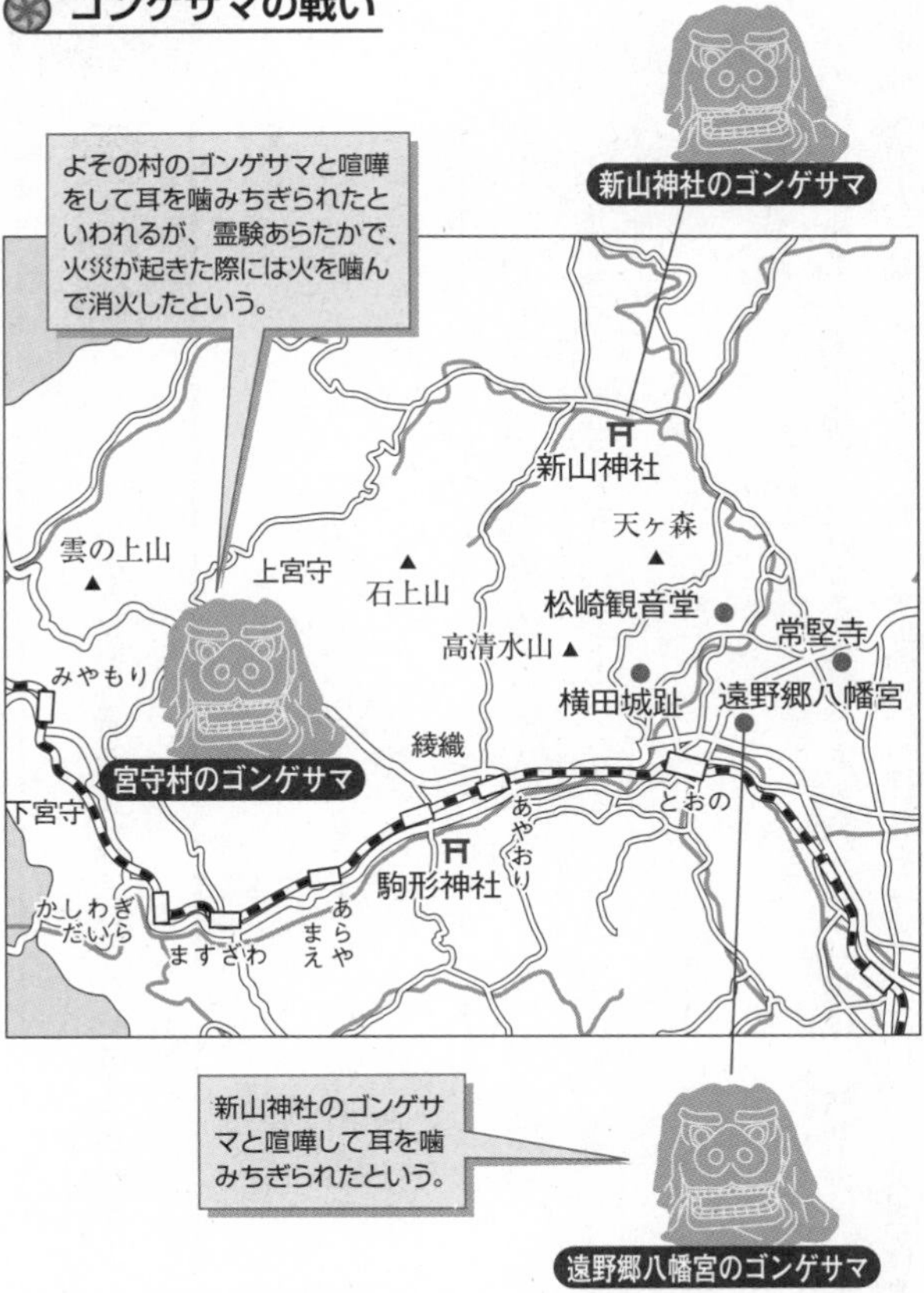
新山神社のゴンゲサマ
よその村のゴンゲサマと喧嘩をして耳を噛みちぎられたといわれるが、霊験あらたかで、火災が起きた際には火を噛んで消火したという。
新山神社
天ヶ森
雲の上山
上宮守
石上山
松崎観音堂
常堅寺
高清水山
みやもり
横田城趾
遠野郷八幡宮
綾織
宮守村のゴンゲサマ
下宮守
あやおり
とおの
駒形神社
かしわぎだいら
ますざわ
あらまえ
あらや
新山神社のゴンゲサマと喧嘩して耳を噛みちぎられたという。
遠野郷八幡宮のゴンゲサマ

ゴンゲサマは気性が荒く、別のゴンゲサマと一緒にすると喧嘩をするといわれた。

第一章
神々と精霊

愛宕様

寺の和尚に身を変えて氏子を火事から守る

あらすじ

愛宕《あたご》様は火伏の神様だそうだ。その氏子《うじこ》であった遠野の下通町辺では、五、六十年間も火事を出していなかった。あるとき某家で失火したが、大徳院《だいとくいん》の和尚《おしょう》が手桶《ておけ》の水を小さな杓《しゃく》で汲《く》んでかけ、大事にならずに火を消し止めた。翌朝、火元の家の者が寺を訪れ礼を述べると、寺では誰も身に覚えがないという。さては、愛宕様が和尚の姿になって助けて下さったに違いないということになった（拾遺六四話）。

山芋好きの神様

右の話は綾織町の愛宕神にまつわる逸話であるが、愛宕神は、秋葉《あきば》神社、古峯《ふるみね》神社と並んで火伏神として名高く、京都の愛宕神社を総本社として、全国各地へ勧《かん》

愛宕神社（遠野市綾織町）

寛治年間（1087-1094 年）に火災の見張所を設置したのが起源だという。旅立ちの時に、安全を祈り、家族と別れる場所でもあった。

3つの火伏せ信仰

秋葉信仰	関東・中部地方に多く分布する火伏せ信仰。信仰の中心は遠州秋葉山で、各地の秋葉山は、江戸時代中頃から、火災に悩まされる江戸を中心に流行神的性格を持って広まり、分祀されたもの。秋葉神社では火之迦具土神を祀り、大祭では弓・剣・火の舞が行なわれる。
愛宕信仰	京都愛宕山に祀られている愛宕神社を中心とする火伏せの信仰。関東・東北地方にも愛宕社が多く見られる。地蔵信仰との結び付きが顕著で、境の神としての塞《さえ》の神の性格も持っており，これを愛宕信仰が広く伝播した要因の一つに挙げることができる。
荒神信仰	火伏せの神としての荒神信仰は、屋内の火所に祀られる三宝荒神。陰陽師や山伏などによって各戸の三宝荒神や土地の神を清めて回る風習があり、これによって広まったと考えられる。

火災の多かった江戸時代、火難除けは人々の切なる願いであった。現代に至るまで、およそ３つの火伏せ信仰が主流となっている。

請《じょう》されている。

こうした火伏神の伝説は、愛宕様や、前述したゴンゲサマだけではない。ほかにも次のような話が伝えられている。

仏壇《ぶつだん》に祀られていた阿弥陀《あみだ》様が火事を知らせたり（拾遺六一話）、火事を消し止めた小さな子供を探してみると、阿弥陀像が泥まみれで大汗をかいていたり（拾遺六二話）といった話である。

また、町の華厳院《けごんいん》で火事が起こり、御堂《みどう》が焼け落ちそうになったとき、二人の童子が現われ、寺の屋根に登って消火にあたり鎮火《ちんか》させた。その後、本堂の不動《ふどう》と大日如来《だいにちにょらい》が黒く焦《こ》げていたという（拾遺六三話）。

少し変わっているのが野州《やす》古峯原《こみねはら》の火伏神で、この神様はとにかく、山芋《やまいも》が大好きであった。

家の屋根に山芋を供えておくと、神様から礼状が届くが、参拝時に芋を家に置き忘れたと嘘《うそ》をついたり、細い芋ばかり供えたりすると、その家に火事が起きたという（拾遺六五話）。

第一章
神々と精霊

マヨイガ

山中に忽然と現われ、訪れた者に福をもたらす無人の豪邸

あらすじ

小国《おぐに》村の三浦《みうら》家がまだ貧しかった頃、妻が蕗《ふき》を採りに山奥へ入ると、黒い門構えの見知らぬ家に行き当たった。庭には紅白の花が咲き乱れ、鶏《にわとり》が放たれ、座敷には高価な膳椀《ぜんわん》が並び、鉄瓶《てつびん》の湯がたぎっていたが、人影がどこにも見えない。妻は恐ろしくなり家に逃げ帰った。後日、三浦家の前を流れる川に赤いお椀《わん》が流れ着いた。これを拾った妻は、食器として使えば主人から叱られると思い、米を量《はか》る枡《ます》として使うことにした。すると、その椀で量った米は不思議と尽きることがなく、やがて村一番の金持ちになった（六三話）。

家の中にある物は何でも持ち帰るべし

「遠野では山中の不思議なる家をマヨヒガという」（六三話）が、これは「迷い家」

遠野の曲り家

遠野独自の家屋である「曲り家」。マヨイガの伝説は、こうした家が山中に突如出現するものであった。

の意味で、「隠れ里」とも呼ばれる。山中に突然現われる屋敷で、その佇《たたず》まいは裕福な生活ぶりを伺《うかが》わせるが、住人は見当たらない。この家に行き当たった者は「必ず其《その》家の内の什器《じゅうき》家畜何にてもあれ持ち出でて来べきものなり。其人に授けんが為にかゝる家をば見する也」（六三話）とあり、家の中にある物を持ち出せば裕福になれるという。

いわば、人がたやすく行き来できない異界《いかい》であり、海中にある竜宮《りゅうぐう》に対し、山中にあるのが「マヨイガ」だともいえる。

日本周辺の異界

天上の世界
地上の世界
地底もしくは海中の世界
高天原
アマテラスを頂点とする八百万の神々が住まう天上の世界。
マヨイガ
遠野の山中にあるといわれる、福をもたらす豪邸。
竜宮
浦嶼子《うらのしまこ》（浦島太郎）が訪れたとされる海中の世界。
黄泉国
伊邪那美神が支配するという死者の国。
綿津見国
海坂《うなさか》を越えてたどり着く、海の神と海の生物の国。
根の堅洲国
須佐之男命が支配するという国。地下世界ともいわれる。
ニライカナイ
沖縄の海の向こうに存在するといわれる理想郷。
常世国
海のかなたにあるという、永遠不変の国。

日本人にとってマヨイガのような異界は、自分たちが生活する周囲にあたりまえに存在すると考えてきた。

マヨイガは北上山地《きたかみ》の白望山《しろみやま》（白見山）にあるといわれ、ブナの樹海《じゅかい》が果てしなく続くこの山を囲む、小国、金沢《かねざわ》、栃内《とちない》などの地域でマヨイガの伝承が生まれたようだ。

ただし実際には、遠野では「マヨイガ」という言葉はあまり使われず、佐々木喜善が用いていた語彙《ごい》だともいわれている。

無欲な者に幸運は転がり込む

しかし、マヨイガを発見した誰しもが、この恩恵に俗することができたわけではない。続く六四話は、次のような筋書きになっている。

金沢村を出て婿《むこ》に行ったある男が実家に帰る途中、道に迷い、マヨイガに行き当たった。この家の様子も、六三話と同じように、たくさんの家畜がいて、紅白の花が咲いていた。便所のあたりに人の気配がしたので婿は怖くなり逃げ帰ったが、実家では婿の話を本気にする者はいなかった。

一方、婿入り先の栃内村山崎では、「それはマヨイガに違いない。その家からお椀などを持ち帰って長者《ちょうじゃ》になろう」と、大勢の人々が婿を先頭に山奥へと分け入っ

白望山

遠野市、宮古市、大槌町の境界に位置する。標高1172メートル。現在では「白見山」と呼ばれる。（写真提供：岩手南部森林管理署遠野支署）

た。ところが、マヨイガはどこにも見当たらず、長者にはなれなかった。

　六三話の妻は、無欲であったため椀が自ら追いかけてきて裕福になったが、六四話の婿とその親族は、長者になろうと欲を出した結果、何も手にできなかった。

　柳田は、こうしたマヨイガの伝承は、日本各地に伝わる「椀貸し伝説」（祈《き》願《がん》すると必要な数の椀を貸してもらえるが、きちんと返さないと、以後は貸してもらえなくなる）の古い形を残したものであるとの見解を述べている。

遠野三山

三人の女神が住む女人禁制の聖山

あらすじ

ある女神が、三人の娘を連れて来内《らいない》村の伊豆《いず》権現社《ごんげんしゃ》に泊まった。母は娘たちに「今夜、一番良い夢を見た子に一番良い山を与えましょう」と言い渡した。その夜、天から不思議な美しい花が降りて来て、寝ている長女の胸の上に留《とど》まった。これに気付いた三女は、花を自分の胸の上に移し、眠りに就《つ》いた。こうして三女が美しい早池峯山を与えられ、ほかの姉たちは六角牛山《ろっこうしさん》と石上山《いしがみやま》を与えられた。遠野では、この三山は女神が住まう山とされ、女性たちは女神の嫉《しっ》妬《と》を恐れ、立ち入らないという（二話）。

さまざまな伝説を持つ三山

遠野盆地を囲む北上山地《きたかみさんち》のなかでも、早池峯山、六角牛山、石上山（石神山《いしがみやま》）の

遠野三山と伝説

標高1914m。伊豆権現の3人の娘のうち、姉の胸の上に止まった霊華をこっそり奪って自分の胸に乗せた末の妹が宿る、最も美しい山。修験信仰の山でもあった。
早池峰山
早池峰神社
標高 1038m。姉の姫神が鎮まった山で、麓には舟石が伝わる。舟石には、伊豆権現の3人の姫神が三山の主となった際に、これに乗って石上山の麓までやって来たという伝説がある。
標高1294m。姉の姫神オロクが鎮まったことでこの名が付けられたといわれる。中世、善応寺という伽藍があったが兵火で焼失。南部氏によって再興されるも廃仏毀釈により廃寺となった。
天ヶ森
石上山
松崎観音堂
横田城趾
佐々木喜善の生家
常堅寺
千葉家の曲り家
遠野郷八幡宮
とおの
あやおり
遠野市立博物館
六角牛山
あおざき
いわてかみごう
3人の娘を連れて来内村を訪れたといわれる女神を祀る社。
伊豆権現

遠野郷を囲むようにそびえる、早池峰山、六角牛山、石上山は遠野三山と総称され、女神が住む山として敬われ、戦前まで女人禁制の伝統が受け継がれてきた。

「遠野三山《とおのさんざん》」は、女神の三姉妹が住む霊山《れいざん》とされ、右の話はその由来を述べている。

三山は古くから信仰の対象とされていた。標高一九一四メートルの早池峯山は修《しゅ》験《げん》の山として信仰され、元は東子岳《あずまねだけ》、東岳《あずまだけ》などと呼ばれていたが、その頂上に、祈ると湧き出る霊池《れいち》があったことから、一三三八年に早池峯と改名されたという。

標高一二九四メートルの六角牛山は金鉱を有し、生活に密接した山としても崇敬された。

標高一〇三八メートルの石神山は水源地、あるいは狩りの場として古くから人々に利用され、鎌倉時代に阿曽沼《あそぬま》氏が松崎《まつさき》に横田《よこた》城を築いて以降、遠野三山として信仰対象になったと見られている。

遠野三山の女神に関しては、ほかにも伝承があり、上郷《かみごう》村では、坂上田村麻呂《さかのうえのたむらまろ》の娘、松林姫《まつばやしひめ》が母神と伝わっている。

また、綾織村には、平安時代の武将である安倍宗任《あべのむねとう》の妻「おない」、娘の「おいし」「おろく」「おはつ」が三山に登って以降、姿を消したという伝承がある。三人の娘は山の女神となり、おいしかみ（石上山）、おろくこし（六角牛山）、おはやつね（早池峯山）の山名の由来となったという。

石上山

標高1038メートル。山頂からは北に早池峯山、東に六角牛山を望める。かつては修験者の山として女人禁制とされていた。
(写真提供:遠野市観光協会)

冒頭の話にあるように、三山は女人禁制とされた。ある巫女が、牛に乗って石上山に登ろうとしたが、暴風雨に吹き飛ばされて、姥《うば》石《いし》と牛石《うしいし》になったという(拾遺一二話)。一方、十五歳になった男子には、遠野三山を登る「お山かけ」という通過儀礼があり、男性にとっては必ず一度は登らねばならない山であった。

早池峯山の女神は盗人も救う

霊山である遠野三山には、不思議な話も多く伝えられている。ある和尚が、大きな丸い石(来迎《らいごう》

姥石

石上山中にある姥石（婆石）は、女人禁制の禁忌を破り登山しようとした巫女が罰せられて石になったものといわれる。

石《せき》）の上に立って早池峯山の女神に清水《しみず》を祈願すると、白馬に乗った女神が現われ、無尽蔵《むじんぞう》に水が湧く霊泉《れいせん》を与えると約束した（拾遺四〇話）。

また、ある男が旅先で田んぼから種籾《たねもみ》を盗んだのがばれそうになり、早池峯山に祈願したところ、証拠品である種籾の品種がいつのまにか変わっており、事なきを得た（拾遺六九話）。早池峯山の女神は、姉から花を盗んで鎮座《ちんざ》した伝説を持つだけに、盗人すら救ってくれると評判となり、ますます信仰が盛んになったという。

第一章
神々と精霊

聖なる森

象を埋め地震を鎮めたとされる「魔所」

あらすじ

土淵村のジョウヅカ森は象《ぞう》を埋めた場所といわれ、ここだけは地震が起きないので、地震の際はこの森へ逃げろと言い伝えられてきた。ここは確かに人を埋めた墓で、塚の上には石が置かれ、石の下を掘ると祟《たた》りがあるという（一一三話）。

地震が起こらない不思議な場所

遠野には、子供らが恐れて近付かない霊地があり、それを「魔所《ましょ》」と呼んだ。冒頭のジョウヅカ（定塚）もその一つである。柳田は、ジョウヅカは塞神《さえのかみ》を祀る場所で、地獄へ向かう途中にある三途《さんず》の川で亡者《もうじゃ》の服を剥《は》ぎ取る葬頭河婆《そうずかば》とも関連があると指摘している。

また、土淵村に象坪《ぞうつぼ》山があり、その麓《ふもと》に象坪という字名があることから、象を埋めたという伝承も全くの架空とはいえないと推論した。

東北地方において不地震地（地震の起きない場所）とされているのは、かつて地震を鎮《しず》める祭祀《さいし》が行なわれた場所であることが多く、墳丘《ふんきゅう》を思わせる地形も特徴として挙げられるという。

遠野には、このように神聖視される魔所が、土淵村だけでも、熊野《くまの》ノ森の堀《ほり》、横道《よこみち》の洞、大洞《おおほら》のお兼塚《かねづか》、高室《たかむろ》のソウジなど複数存在していた。

竜《りゅう》ノ森《もり》もその一つで、昼でも薄暗いこの森には神が住むといわれ、動物を殺したり草花を採ることは一切禁じられ、それを犯せば祟りを受けた。昔、村のある者がこの森の中を流れる川でイワナに似た赤い魚を捕り、神の祟りを受けたという話も伝わっている。

また、数年前に亡くなった村の女が、生前と同じ姿でこの森にいるのが目撃されたともいう（拾遺一二四話）。

こうした魔所は、子供だけでなく大人もなるべく通行を避け、やむを得ぬときは、主である神様に一拝するなど、気を遣《つか》ったという。

遠野の森

遠野の森には神秘的な森がたくさんある。不地震地と伝わる地も、竜ノ森のように森であることが多い。

遠野の不地震地

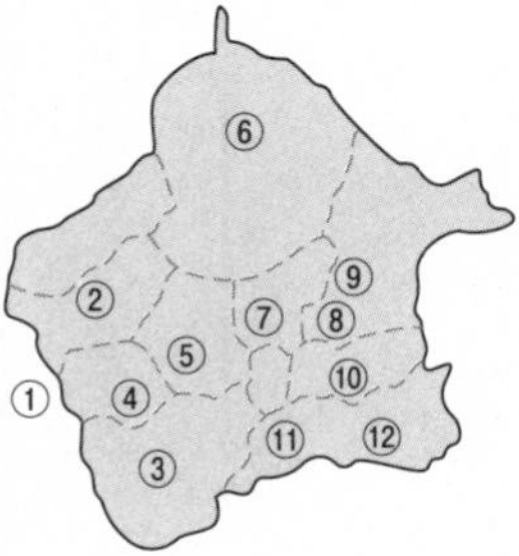

① 谷内村田瀬大野の糠森
② 宮守村下宮守塚沢の地森
③ 小友村山谷石鍋の行灯森
④ 鱒沢村上鱒沢花輪の不地震地
⑤ 綾織村上綾織山口大橋の経塚森
⑥ 附馬牛村上附馬牛大出の早池峯神社境内
⑦ 松崎村駒木上野の地震が森
⑧ 土淵村土淵字土淵のサンキヤウ
⑨ 土淵村栃内字北野のジョウヅカ森
⑩ 青笹村中沢瀬内の陣が森
⑪ 上郷村清水川の石神稲荷境内
⑫ 上郷村細越岩崎の経塚

遠野には、決して地震が起こらないという森や塚が伝わっている。そのなかには平時は近寄ってはならない聖域として仏像をおもちゃにするような子供たちも決して近寄ることはなかったという。

山の神

火事を予知し、占術を授ける不思議な男

あらすじ
「芳公《よしこう》馬《ば》鹿《か》」と呼ばれる三十五歳くらいの男は、道端に落ちている木の切れ端や塵《ちり》などを手に取っては匂いを嗅《か》ぐ癖を持つ変わり者であったが、火事を予知する能力も持っていた。彼が石を拾って家に投げつけ「火事だ、火事だ」と叫ぶと、その晩か次の日、その家は必ず火事になった。（九六話）。

山の神から授けられた占術

日頃は周囲から馬鹿呼ばわりされている男が、「終《つひ》に火事を免《まぬが》れたる家は一軒も無しと云《い》へり」というほど、確実に火事を予知する能力を持っていたという。『遠野物語』には、このほかにも、特別な能力を持つ人物の逸話がいくつか見られる。

ある若い娘が河原《かわら》で、赤ら顔で背の高い男から木の葉などをもらった。すると、

その日から娘は占いの術を会得《えとく》した。男の正体は山の神だったという（一〇七話）。

一〇八話には「山の神の乗り移りたりとて占《うらない》を為《な》す人は所々に在り」として、柏崎《かしわざき》の孫太郎《まごたろう》の話を載せている。孫太郎はかつて心神喪失《しんしんそうしつ》していたが、その後、山に入って山の神から占いの術を取得した。その占いは普通の方法とは異なり、「何の書物をも見ず、頼みに来たる人と世間話を為《な》し、その中にふと立ちて常居《じょうい》の中をあちこちとあるき出すと思ふ程に、其人《そのひと》の顔は少しも見ずして心に浮びたることを

遠野を襲った江戸～明治期の災害

貞享2年（1685）	岩手山が噴火する。
元禄8年（1695）	元禄の大飢饉が起こる。
元禄14年（1701）	遠野領内で大凶作。餓死者2858人を数える。
享保17年（1732）	享保の大飢饉が起こる。
宝暦5年（1755）	宝暦の大飢饉が起こり、餓死者2500人を出す。
天明3年（1783）	天明の大飢饉が起こり、南部藩で、餓死者・病死者10万3900人、他領逃亡者3330人を数える。
天保3年（1832）	天保の大飢饉が起こる。
明治24年（1891）	遠野町大火発生。穀町・一日市町で200余戸が焼失する。
明治38年（1905）	天候不順のため大凶作となる。
明治40年（1907）	県立遠野中学校が火災に遭う。
明治43年（1910）	柳田國男、『遠野物語』を著わす。

「芳公馬鹿」は火災が起こることを的中させる不思議な力を持っていた。遠野周辺では明治時代に火災の記録が散見される。

云《い》ふなり。当らずと云ふこと無し」というように、普通の占いとはだいぶ異なる方法ながら、恐ろしいほど的中したという。たとえば、「お前の家の板敷きを取り外し、土を掘ってみなさい。古い鏡か、刀の折れたのがある。それを取り除かないと祟られる」と言うので帰って調べると、言われた通りの物が出てきたという。

また、小友《おとも》村の風変わりな男は、手の平に黒い仏像を乗せて「めんのうめんのう」と唱えては、人の吉凶《きっきょう》を占ったという（拾遺一二八話）。

幽霊や神とつながる特別な存在

こうした特別な能力の持ち主には、ふだん「馬鹿」とか「狂人」などと呼ばれる者が少なくない。こうした者たちは、その性質ゆえに、普通の人には見えないものが見えたり、将来の出来事を予知する特異な感覚を持つのではないかと考えられた。いわば、幽霊や神とつながっている、巫女のような存在と見なされていたのである。

遠野では明治時代に大火が発生しており、この頃、火事に対する人々の恐怖はかなり強かったと推測できる。それゆえ、こうした予知能力に対しても、人々の強い関心が向けられていたことだろう。

神の力を得た人々

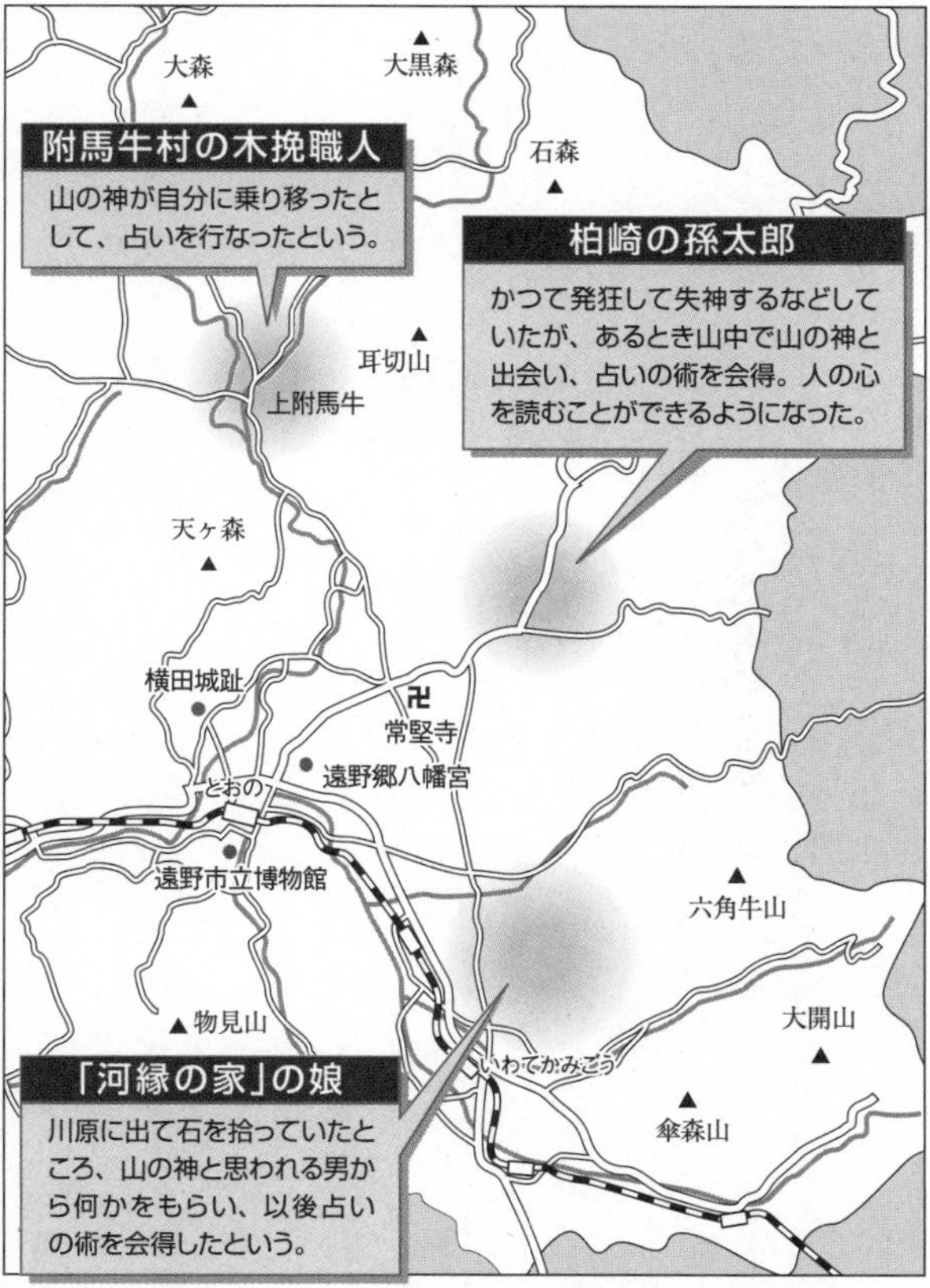
大森
大黒森
石森
附馬牛村の木挽職人
山の神が自分に乗り移ったとして、占いを行なったという。
柏崎の孫太郎
かつて発狂して失神するなどしていたが、あるとき山中で山の神と出会い、占いの術を会得。人の心を読むことができるようになった。
耳切山
上附馬牛
天ヶ森
横田城趾
常堅寺
遠野郷八幡宮
とおの
遠野市立博物館
六角牛山
物見山
大開山
いわてかみごう
傘森山
「河縁の家」の娘
川原に出て石を拾っていたところ、山の神と思われる男から何かをもらい、以後占いの術を会得したという。

『遠野物語』では、山の神の力を得て占いの術を持つようになった人々の話が紹介されている。

こらむ・柳田國男を巡る人々②

島崎藤村

『破戒《はかい》』『夜明け前』などの小説で知られる島崎藤村《しまざきとうそん》と柳田國男《やなぎたくにお》は、雑誌『文学界《ぶんがくかい》』への寄稿を通じて知り合った。柳田は明治二十八年（一八九五）以降、廃刊する明治三十一年（一八九八）まで、同誌に新体詩《しんたいし》や短歌を発表している。雑誌に寄稿《きこう》した同人のなかで柳田が一番親しくしたのが、藤村であった。ともに、挫折した国学者の父を持ち、地方から上京して来たという似た境遇にあった二人は、互いの詩を高く評価していたという。

唱歌《しょうか》にもなった藤村の詩『椰子の実《やしのみ》』は、柳田の話から着想を得たことで知られる。明治三十一年の夏、大学生だった柳田が三河伊良湖崎《みかわいらござき》に滞在したとき、南方から流れ着いた椰子の実を見つけた。藤村はこの話に、故郷を離れて生きる自身の憂《うれ》いを重ね合わせた。

その後、柳田は詩作から遠ざかり、藤村は信州《しんしゅう》に移って作家となり、二人はしだいに疎《そ》遠《えん》になった。大正六年（一九一七）、官僚として出世した柳田に藤村が便宜《べんぎ》を図ってもらおうとしたことから、柳田は、ついに藤村と絶交するに至った。

柳田は、藤村や花袋《かたい》に代表される私小説について、「どんなに自分に凝り固まっている作品でも、これを丹念に告白さえすれば、人間の実録として威張って出し得るような傾向を否認すべし」と、手厳しく批判し、文壇で絶賛された『破戒』さえも、部落差別などの描写に不自然な部分が多いなどと評し、認めようとしなかった。

第二章　霊魂と妖怪

第二章
霊魂と妖怪

デンデラ野とダンノハナ

遠野の姥捨て伝説と埋葬地

あらすじ
山口《やまぐち》や飯豊《いいで》、附馬牛《つきもうし》村の字荒川《あざあらかわ》、東禅寺《とうぜんじ》、火渡《ひわたり》、青笹《あおささ》村の字中沢《あざなかざわ》、土淵《つちぶち》村の字土淵などには、ダンノハナ（壇の塙）という地名があり、これと向かい合うようにデンデラ野（蓮台野《れんだいの》）と呼ばれる場所がある。昔は、六十歳を超えた老人は皆、デンデラ野へ追いやられ、日中、里へ下りて農作業を手伝うなどして生計を立てた。そこから、このあたりでは、朝、野良《のら》仕事に出るのをハカダチ、野から帰るのをハカアガリという（一一一話）。

里にある姥捨ての地

右の話は、日本に古くから伝わる「姥捨《うばす》て山《やま》伝説」に通じる内容だ。
この伝説の一般的な筋は、口減《くちべ》らしのため、子が老いた親を山奥へ捨てに行くが、

土淵町のデンデラ野

かつての姿をとどめるデンデラ野。老人を捨てたという伝承は、デンデラ野のほかにも、長野県の姥捨山など各地に伝わっている。

遠野郷のデンデラ野とダンノハナ

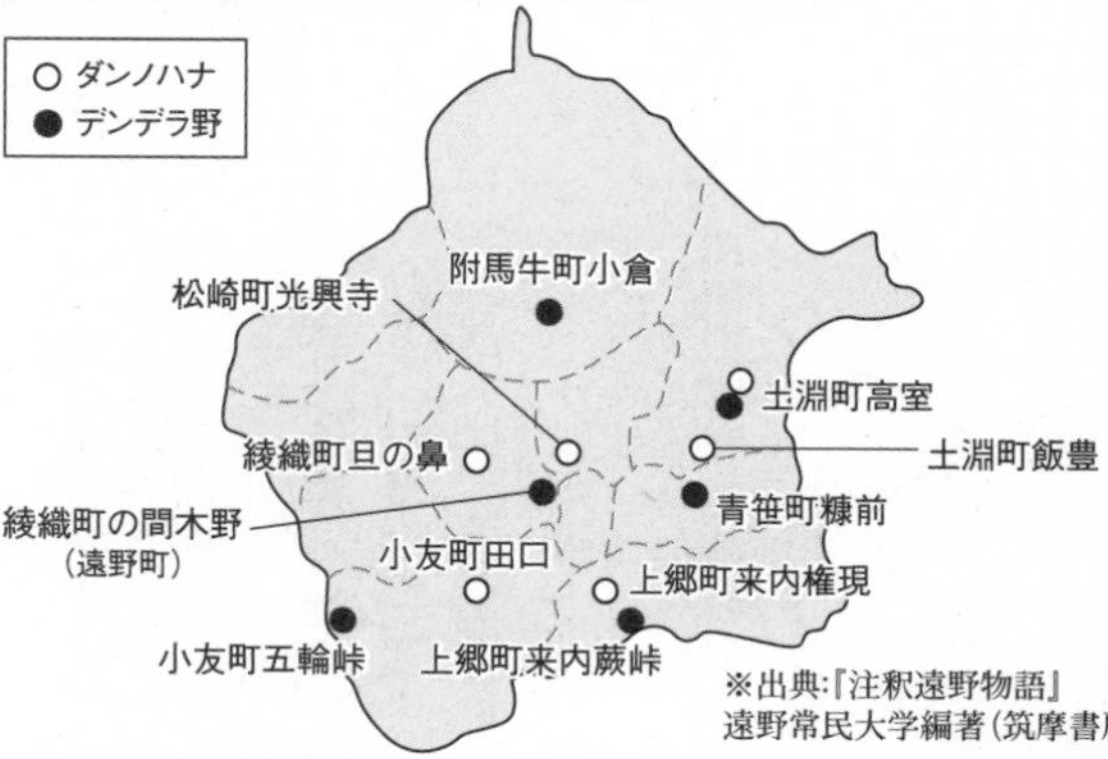
○ ダンノハナ
● デンデラ野
附馬牛町小倉
松崎町光興寺
土淵町高室
綾織町旦の鼻
土淵町飯豊
綾織町の間木野
（遠野町）
青笹町糠前
小友町田口
上郷町来内権現
小友町五輪峠
上郷町来内蕨峠

※出典:『注釈遠野物語』
遠野常民大学編著（筑摩書房）

いくつかのデンデラ野とダンノハナはほぼ隣接している状態にあるが、両者の関係はわかっていない。

その道中で改めて親の愛情を知り、捨てるのを思いとどまり連れ帰る、あるいは、親を捨てよという命令に背《そむ》いてこっそり隠しておいたところ、親の知恵により地域社会の危機が救われるといった内容で、実話というよりは、親孝行を奨励する訓話《くんわ》といえる。

しかし、『遠野物語《とおのものがたり》』の姥捨て伝説は、色合いが少し違う。遠野の姥捨て地は、山奥ではなく人里の近くにあり、沢に囲まれたデンデラ野と、集落を挟んで丘の上にあるダンノハナが対になっていた（一一一話）。ダンノハナは、境《さかい》の神を祀《まつ》るための塚《つか》を意味し、デンデラ野で老人が亡くなると、ダンノハナに埋葬したと伝えられる。

また、青笹村のデンデラ野には青笹村や土淵村の一部、土淵村の高室《たかむろ》のデンデラ野には栃内《とちない》、山崎《やまざき》、火石《ひいし》、和野《わの》というように、集落ごとに、老人を捨てる場所が決まっていたという（拾遺《しゅうい》二六八話）。

デンデラ野に捨てられた老人は、そこでただ死を待つのでなく、自活のために里に下りて農作業を手伝った。

このように遠野の姥捨ては、人々の日常生活と近接、共存している点に大きな特徴があるといえる。

デンデラ野やダンノハナになった場所には、それなりの伝承やいわくがあったようだ。

山口のデンデラ野があるあたりには、蝦夷《えぞ》屋敷と呼ばれる、先住民の住居跡があり、石器や蝦夷銭《せん》（土製の銭）など縄文《じょうもん》時代の遺物が出土している。ダンノハナは、かつて城砦《じょうさい》のあった時代に囚人《しゅうじん》を斬った場所とも言われ（一一一話）、死と関わりが深かったようだ。

死者が通り過ぎる冥界への入口

青笹村のデンデラ野は、死者の通り道、すなわち冥界《めいかい》への入口でもあった。村に死者があるときはシルマシ（前兆）があり、男なら山歌を歌いながら、女ならすすり泣きをしながら通り過ぎていくのが聞こえたという（拾遺二六六話）。

デンデラ野という名称は、京都の葬送地である蓮台野に由来すると見られるが、遠野では、墓地ではなく、冥界の入口となる場所がこう呼ばれていた。

第二章
霊魂と妖怪

山男

里から女性をさらって山中で暮らす巨漢

あらすじ

猟師《りょうし》が山で一人の女に出会った。恐ろしくなって女を鉄砲で撃とうとすると、女は猟師の名を呼びながら制止する。よく見ると、行方不明になっていた、長者《ちょうじゃ》の娘であった。聞けば「魔物にさらわれ、今ではその妻になり、子供も大勢産んだが、全員食い尽くされた」という。女から「ここで私と出会ったことは誰にも話すな。お前様も危ないから早く帰れ」と言われた猟師は、急いで逃げ帰った（六話）。

身長二メートル超、草履は九〇センチ

柳田國男《やなぎたくにお》が『遠野物語』において重視したテーマの一つが「山人（やまびと、さんじん）」である。山人とは、山中で暮らす、里の人間とは異なる風体《ふうてい》の異人の

『遠野物語』の山男・山女伝説

早池峯山
山の中腹で仮小屋を作ったところ、そこへ大きな図体の坊主が現われ餅を貪り喰った。そこで焼けた石を喰わせたら、坊主は驚いて小屋を飛び出し、谷底で死んでいた（28話）。
大谷地
菊池弥之助という老人が境木峠を通過中、谷の底から「面白いぞー」と叫ぶ声を聞き、逃げ出した（9話）。
笛吹峠
この峠を越える者は山中で必ず山男や山女に出会うことから、往来する者が減っていった（5話）。
土淵村
早池峯山に遊びに行った子供たちが、風呂敷包みを背負った大男に遭遇した（92話）。
青笹村
長者の娘が行方不明になり、後に山へ入った同じ村の猟師が、山男の妻となっていた行方不明の娘に出会った（6話）。
上郷村
村の娘が栗を拾いに行ったきり行方がわからなくなり、2、3年が経過。同じ村の者が狩猟をして五葉山へ入った際、岩窟のような場所で、山男にさらわれたという娘に出会った（7話）。
早池峯神社
大黒森
下附馬牛
大森
二ツ石山
石森
下附馬牛
天ヶ森
高清水山
界木峠
権現山
横田城趾
常堅寺
遠野郷八幡宮
とおの
笛吹峠
遠野市立博物館
桧沢山
六角牛山
あおざさ
青笹
大開山
傘森山
いわてかみごう

ことで、山男《やまおとこ》、山女《やまおんな》、山姥《やまうば》といった項目に数多くの伝承が収録されている。

遠野から海岸部の田ノ浜《たのはま》、吉里吉利《きりきり》などへ出るには笛吹峠《ふえふきとうげ》を越える山路があったが、山男や山女の出没地として恐れられ、通行者が激減したため、迂回路《うかいろ》として境木峠《さかきとうげ》を開いたという（五話）。ただし、実際は笛吹峠の雪崩《なだれ》を避けるためともいわれる。

山男は毎年、遠野の民家から大勢の子供や娘をさらって行ったという（三一話）。冒頭に挙げた六話に続く七話も、やはり山男にさらわれた女の話であるが、その山男は、「並の人間と見ゆれど、たゞ丈《たけ》極めて高く眼の色少し凄《すご》しと思はる」といい、背の高さと眼の色に特徴があった。

ほかの山男に関する話でも、三尺《じゃく》（約九〇センチ）もの巨大な草履《ぞうり》を脱いで寝ている男の目撃譚《もくげきたん》（三〇話）や、身長が七尺（約二一〇センチ）もある男が、山で木の皮を剥《は》ぐのを手伝ってくれたが、まるで草を折るかのようにやすやすと作業をこなしたという話（拾遺一〇〇話）など、並外れた巨体や怪力の持ち主であることがうかがえる。

さらに、不思議な力を持つ山男もいたようで、自分の子供が病気になったため、

笛吹峠

山男、山女の伝説が伝わる峠。人々はこれを恐れて二里以上離れた場所に新たな道を通したという。（写真提供：岩手南部森林管理署遠野支署）

実家にいる妻を呼び戻そうと、菊《きく》蔵《ぞう》という男が山道を通っていたところ、山男が現われ、「お前の子はもう死んでいるぞ」と告げた。妻を連れて急いで家に帰ると、本当に子供は死んでいたという（九三話）。

先住民族の末裔か

柳田は、山人を先住民族の末裔《まつえい》とする仮説を立て、その子孫がまだ生存しているのではないかと考えた。

序文には、「国内の山村にして遠野よりさらに物深き所にはまた

柳田國男『山の人生』（1926年）

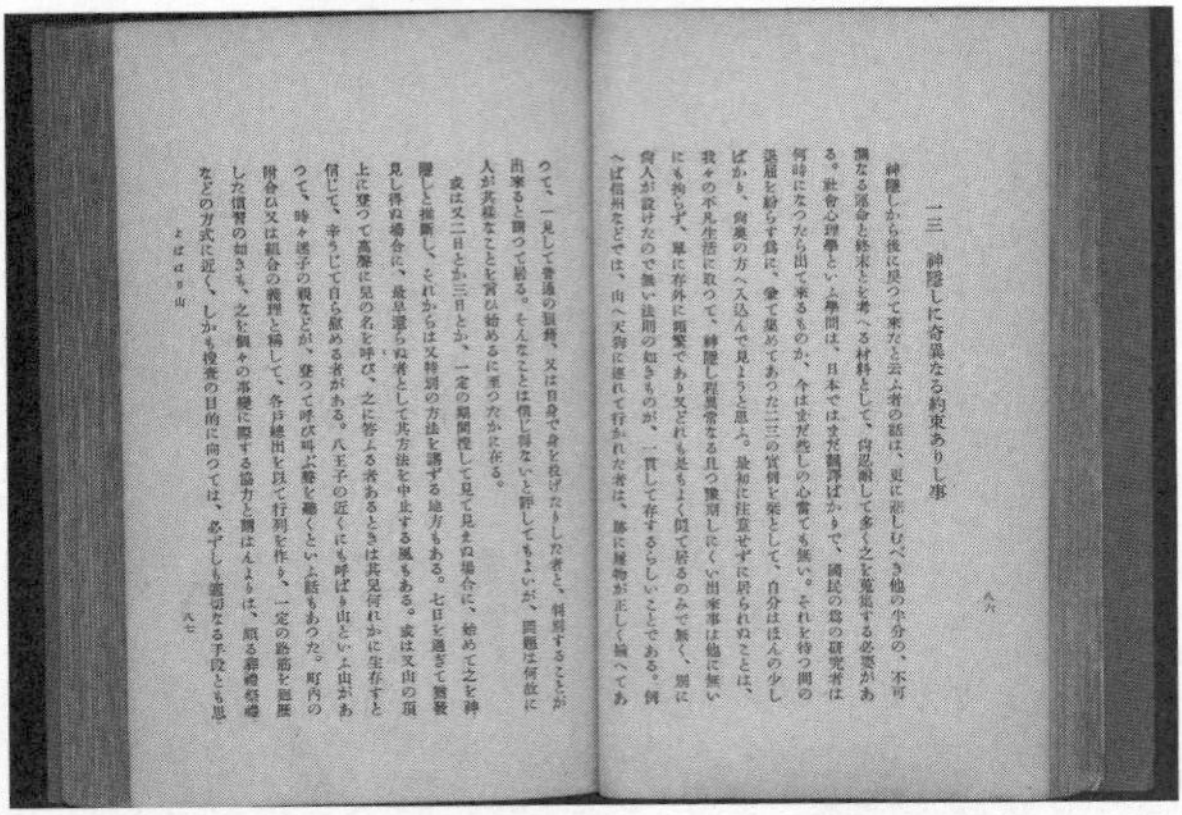
八六

一三　神隠しに奇異なる約束ありし事

神隠しから後に戻つて来たと云ふ者の話は、更に悲しむべき他の半分の、不可測なる運命と終末とを考へる材料として、尚忍耐して多く之を蒐集する必要がある。社會心理學といふ學問は、日本ではまだ翻譯ばかりで、國民の爲の研究者は何時になつたら出て来るものか、今はまだ些しの心當ても無い。それを待つ間の退屈を紛らす爲に、曾て集めてあつた二三の實例を栞として、自分はほんの少しばかり、[illegible]の方へ入込んで見ようと思ふ。最初に注意せずに居られぬことは、我々の平凡生活に取つて、神隠し程異常なる且つ豫測しにくい出来事は他に無いにも拘らず、單に存外に頻繁であり又どれも是もよく似て居るのみで無く、別に何人が設けたので無い法則の如きものが、一貫して存するらしいことである。例へば信州などでは、山へ天狗に連れて行かれた者は、跡に履物が正しく揃へてあつて、一見して普通の[illegible]、又は自身で身を投げたりした者と、判別することが出来ると謂つて居る。そんなことは信じ得ないと評してもよいが、問題は何故に人が其様なことを言ひ始めるに至つたかに在る。

或は又二日とか三日とか、一定の期間捜して見て見えぬ場合に、始めて之を神隠しと推断し、それからは又特別の方法を講ずる地方もある。七日を過ぎて猶發見し得ぬ場合に、最早還らぬ者として其方法を中止する風もある。或は又山の頂上に登つて高聲に兒の名を呼び、之に答ふる者あるときは其兒何れかに生存すと信じて、辛うじて自ら慰める者がある。八王子の近くにも呼ばゝり山といふ山があつて、時々迷子の親などが、登つて呼び叫ぶ聲を聽くといふ話もあつた。町内の附合ひ又は組合の義理と稱して、各戸總出を以て行列を作り、一定の路筋を巡歴した慣習の如きも、之を個々の事變に際する協力と謂はんよりは、頗る葬禮祭禮などの方式に近く、しかも捜査の目的に向つては、必ずしも適切なる手段とも思

よばはり山　八七

柳田は山に暮らす人々に強い関心を持ち、多くの山人論を著した。本書はその集大成で、山の神の嫁入り、神隠し、天狗、山男など、さまざまな事例を精細に例証している。（国立国会図書館所蔵）

無数の山神山人《やまがみやまびと》の伝説あるべし。願はくは之《これ》を語りて平地人を戦慄せしめよ」とある。

大正十五年（一九二六）には、山人論の集大成ともいえる『山の人生』を刊行した。

昭和九年（一九三四）には、弟子とともに山村調査にも乗り出したが、山男の痕跡《こんせき》をつかむことはできなかった。

さらに、山人に関する教唆《きょうさ》を求めた南方熊楠《みなかたくまぐす》が柳田の仮説を一貫して否定した。

結局、仮説の検証は立ち消えとなった。

第二章
霊魂と妖怪

山女

山中に住まう色白で長い黒髪の美女

あらすじ

栃内村和野の佐々木嘉兵衛《ささきかへえ》という老人が若かった頃、狩猟のため山奥に入ると、遠く離れた岩の上で、色白の若い美女が長い黒髪をとかしているのを目にした。当時は怖いもの知らずだった嘉兵衛が女に向けて鉄砲を撃つと、女は倒れた。嘉兵衛は、後日の証拠にしようと思い、女の身《み》の丈《たけ》より長い黒髪を切って持ち帰ることにした。帰途に眠気を催《もよお》し、物陰《ものかげ》でうとうとしていると、背の高い男が現われ、嘉兵衛の懐《ふところ》に手を突っ込み、黒髪の束《たば》を取り返して立ち去った（三話）。

●宙を歩く色白の美女

山人には、山男だけでなく山女もいた。山女は長い黒髪で色白の美女であることが多く、また、人間とは思えない特殊な行動を見せることがあった。

山口村の吉兵衛《きちべえ》は、幼児を背負った女と山奥で遭遇《そうぐう》した。女は、あでやかで、長い黒髪を垂らしていたが、「足は地に著《つ》くとも覚えず。事も無げに此方《こちら》に近より、男のすぐ前を通りて何方《いずかた》へか行き過ぎたり」と、まるで宙を歩いているかのようだったという（四話）。

三五話にも、「谷を隔てたるあなたの大なる森林の前を横ぎりて、女の走り行くを見たり。中空を走るやうに思はれたり」と、同様の目撃譚がある。

ほかにも山女にまつわる怪奇譚は多く、離森《はなれもり》の長者屋敷にある炭小屋で、夜、長い髪を二つに分けた女が覗《のぞ》き込んでいたことがあり、このあたりは山奥なのに、夜中に女の叫び声が聞こえることがあるという（三四話）。この長者屋敷にはかつてマッチ工場があり、そこでも、夜になると戸口に女が現われ、不気味な大声を上げて笑ったり、また、その近くの林では、木材の伐採をする人夫が女によってどこかに連れ出される出来事が相次ぎ、その人夫たちは、数日間、記憶喪失になったという（七五話）。

『遠野物語』の山女

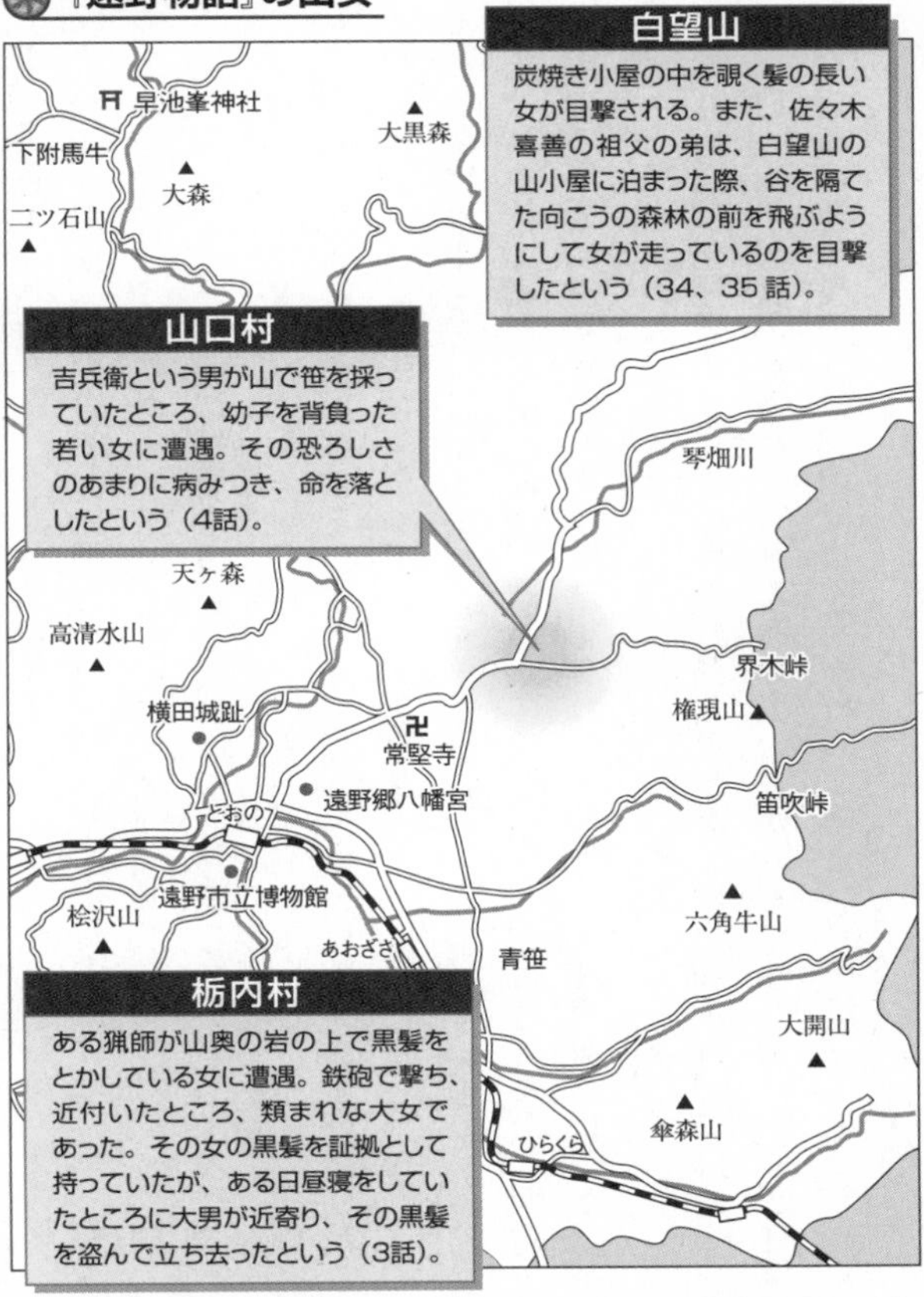
白望山
炭焼き小屋の中を覗く髪の長い女が目撃される。また、佐々木喜善の祖父の弟は、白望山の山小屋に泊まった際、谷を隔てた向こうの森林の前を飛ぶようにして女が走っているのを目撃したという（34、35話）。
山口村
吉兵衛という男が山で笹を採っていたところ、幼子を背負った若い女に遭遇。その恐ろしさのあまりに病みつき、命を落としたという（4話）。
栃内村
ある猟師が山奥の岩の上で黒髪をとかしている女に遭遇。鉄砲で撃ち、近付いたところ、類まれな大女であった。その女の黒髪を証拠として持っていたが、ある日昼寝をしていたところに大男が近寄り、その黒髪を盗んで立ち去ったという（3話）。
早池峯神社
大黒森
下附馬牛
大森
二ツ石山
琴畑川
天ヶ森
高清水山
界木峠
権現山
横田城趾
常堅寺
遠野郷八幡宮
笛吹峠
とおの
遠野市立博物館
桧沢山
六角牛山
あおざさ
青笹
大開山
傘森山
ひらくら

『遠野物語』に登場する山女は、遠野東部に固まって出現しており、山男とは対照的に美しい女だったり、さらわれた女性だったりする。

●山女と神隠しの関係

山男が出自《しゅつじ》不明の異人として描かれるのに対し、山女の場合は、里で行方不明になった女と判明する例が多い。

拾遺一〇九～一一一話に登場する女たちは、里で神隠《かみかく》しにあったとされ、その後、行方不明になっていた。

彼女らは、山男にさらわれ、その妻として暮らしていたり、あるいは狂乱して自ら山に逃げ込み、隠遁《いんとん》生活を送っていたと見られる。

後の研究者によると、冒頭の話で嘉兵衛に撃たれた女は佐々木喜善《きぜん》の大叔母《おおおば》で、嫁ぎ先で乱心して実家に戻った後、家出して山に入ったという。また、四話で吉兵衛が山中で出会った女は、若くして亡くなったとされる、村の女だという説があるという。

なお、山女は先述のように長い黒髪の持ち主である場合が多いが、拾遺一一六話では、白見山《しろみやま》で、女のものと見られる赤い髪の毛が丸めて落ちているのが目撃されており、この種の髪の毛は山中でよく見かけられるという。

第二章
霊魂と妖怪

ヤマハハ（山姥）

人を喰らうだけではなく
富をもたらす老女

あらすじ

昔、ある娘が一人で留守番をしていると、家にヤマハハが入ってきた。娘はヤマハハに食事をさせ、その隙《すき》に逃げ出した。娘は、柴《しば》刈《か》り老人らに助けられながら逃げ回るが、沼の岸で行き止まりになってしまう。娘がとっさに木に登ると、ヤマハハは水面に映った娘の姿を見て、沼に飛び込んだ。娘はその隙に笹《ささ》小屋《こや》の若い女に助けを求め、石の唐櫃《からうど》に隠れる。そこへやって来たヤマハハは「人間の匂いがする」と言うが、女は「雀《すずめ》を焼いた匂いだ」とごまかした。納得したヤマハハが木の唐櫃に入ってひと眠りしている間に、女は娘と一緒にヤマハハを殺し、二人とも無事に帰宅した（一一六話）。

●娘の皮をかぶったヤマハハ

ヤマハハとは、山中に棲《す》むとされる女性の妖怪で、山姥《やまうば》、山婆《やまんば》、山女郎《やまじょろう》などとも呼ばれた。その風貌については、口が耳まで裂けた白髪の老女として描写される例が多い。

『遠野物語』では、ヤマハハが登場する話は二話見られる。

冒頭の一一六話では、ヤマハハに追われた娘が、ヤマハハにさらわれて笹小屋で暮らす女と協力し、「錐《きり》を紅《あか》く焼きて木の唐櫃の中に差し通したるに（中略）湯を煮立てて焼錐《やきぎり》の穴より注ぎ込みて」と、ヤマハハが寝ている唐櫃に熱湯を流し込んでヤマハハを殺す。

続く一一七話では、ヤマハハの恐ろしさが一層現われている。娘が留守番をしているところへヤマハハがやって来て、娘を喰らうと、その皮をかぶって娘に化けた。帰宅した両親はそれに気付かず、娘を馬に乗せて花嫁として送り出す。その時、鶏《にわとり》が「瓜子姫子《おりこひめこ》を乗せずにヤマハハを乗せた」と鳴いたので、状況を悟った両親がヤマハハを殺したという。

この二つの話は、日本各地に伝わる昔話の類型である。

最初の一一六話は、荷物の魚と、それを運ぶ牛を奪って喰った山姥が、最後に熱

全国の山姥伝説

ちょうふく山の山姥（秋田県仙北郡）

ちょうふく山に住む山姥の出産祝いを持って行った老婆が、山姥に引き留められて二十一日間山婆の世話をしたところ、御礼に錦の反物を貰って帰った。その錦を村で分けたところ、いくら使ってもなくなることがなかった。

牛方と山姥（青森県八戸市）

荷を運ぶ牛方が山道で山姥と遭遇。荷の魚と牛を犠牲にしながら逃げおおせる。

山姥の嫁さん（東北地方）

ある老人のもとに嫁入りした山姥が、老人をさらい食べようとする。

ヤマヒメ（岡山県）

眉目秀麗で珍しい色の小袖に黒髪の、20歳ほどの女性に出会った猟師が鉄砲で撃ったが、弾を手で掴んで微笑んだ。

山姥と西の長者（宮崎県）

山姥の出産を助けた老人が、返礼として大きな幸福を得る。

3枚のお札（青森県）

いたずら好きの小僧が山姥の棲む山へ栗を採りに行った際、和尚から預かった3枚のお札によって山姥の襲撃から逃れる。

同じ山中に暮らす女性であっても、山女と異なり、山姥は醜く恐ろしい容姿で伝えられる。山姥の伝説は全国に伝わり、なかには親しみをもって語られる場合もある。

湯を注がれて死ぬ「牛方《うしかた》と山姥」、一一七話は、瓜子姫を食べて姫になりすました山姥が、最後に正体がばれて殺される「瓜子姫」の昔話に沿った筋書きとなっている。

細部の筋書きや設定は地域により異なり、「瓜子姫」の話では、姫がアマノジャクなどの妨害を受けながら、最後は結婚して幸せになるのが基本型と見られるが、東北や北陸地方では、姫は山姥に喰われて殺されてしまうことが多い。

山姥と金太郎

喜多川歌麿による浮世絵。各地の金太郎伝説には、母親として山姥が登場する話が少なくない。

●富貴を招く妖怪

ヤマハハは、人や牛を喰らうという恐ろしい妖怪である半面、殺されると、その死体が作物や財宝に変わり、富を与えるという両面性を持っている。

昔話としては、ヤマハハからもらった衣《ころも》のおかげで長者の嫁になるという筋の「姥皮《うばかわ》」などがよく知られている。

ヤマハハの備え持つ怪物性や、富をもたらす福神の性質は、イザナミなど、神話上の母神と重ね合わされた。

それが山の神信仰とも結び付き、山の神に仕えた巫女《みこ》を妖怪化させた姿をした、さまざまな性質を持つヤマハハ像を生んだとも見られている。

東北の巫女たち

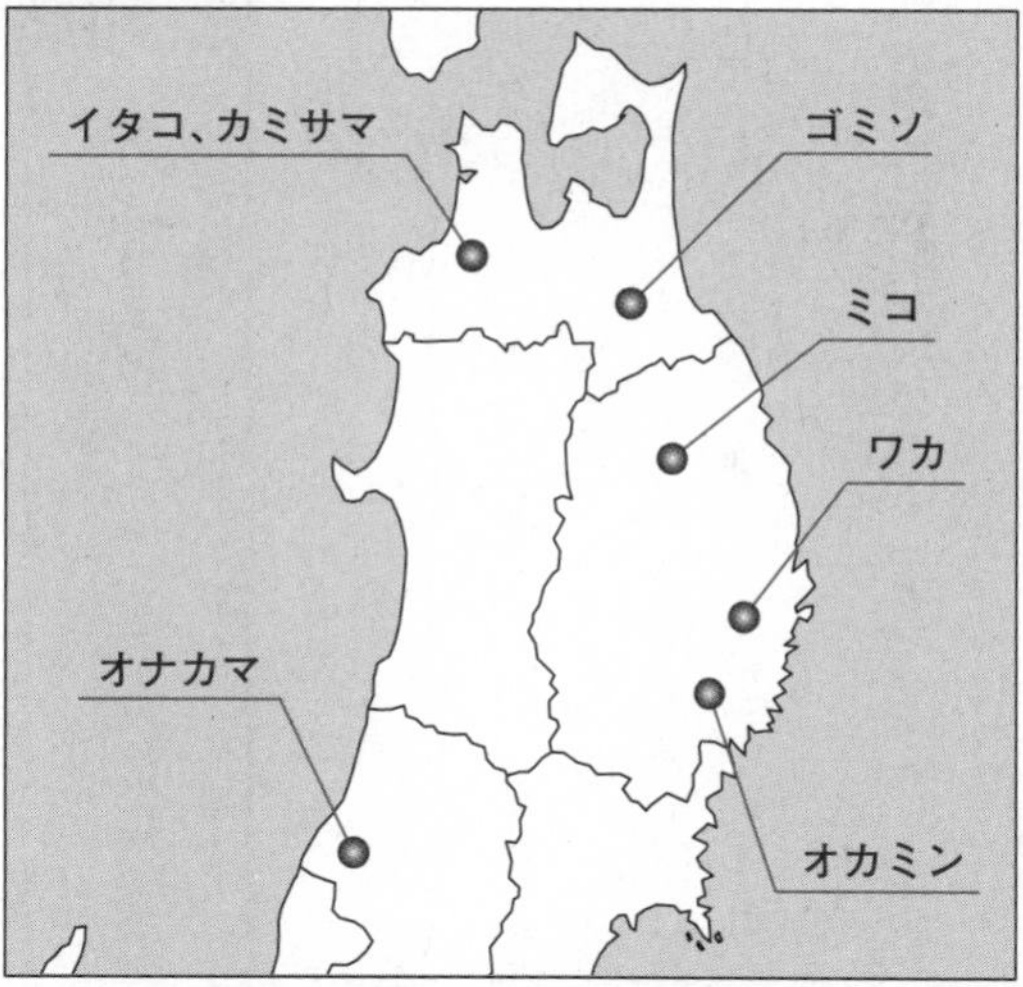
イタコ、カミサマ
ゴミソ
ミコ
ワカ
オナカマ
オカミン

山姥は山の神に仕える巫女を起源とする説もある。山姥伝説が数多く伝わる東北地方では、イタコに代表される盲目の巫女が神や故人の霊を憑依させて、人々に助言を与える。

オマク

生死の境にある体から抜け出した魂

あらすじ

土淵村の字本宿《あざもとじゅく》で豆腐屋を営む政《まさ》という者の父親が大病で重体に陥った。ところが、下栃内の建築工事現場に政の父親が現われ、夜まで地固めを手伝い、帰って行った。後で聞いてみると、政の父親は、工事現場に現われたその日に亡くなっており、ちょうど地固めを手伝っていた時刻に息を引き取ったという（八六話）。

別の場所に幻が現われる「オマク」

右の話で、建築工事の手伝いに現われたのは、生身の人間ではなく、生死の境にある体から抜け出し、幻となって別の場所に現われた魂《たましい》だと思われる。遠野ではこれを「オマク」と呼び（拾遺一六〇話）、青森県の西津軽《にしつがる》地方では「アマビト」

葬列

明治6年(1873)にお雇い外国人として招かれたドイツ人のクルト・ネットーが描いた当時の葬列のスケッチ。(小坂町立総合博物館郷土館提供)

とも呼ばれる。

オマクは「思惑《おもわく》」の転訛《てんか》ではないかと見られ、遊離《ゆうり》していく魂が、親しい人に最後に一目会いたい、あるいは菩提寺《ぼだいじ》に別れの報告をしていきたいと願う、そうした強い思いが幻になって現われたものと考えられている。

『遠野物語』にも、さまよえる魂が最後の挨拶《あいさつ》に訪れたと思われる話がいくつか見られる。大工の棟梁《とうりょう》である慶次郎《けいじろう》の隣りに住む娘は重い病気にかかっていたが、ある日、建築工事現場の昼休みに現われ、皆に挨拶をしていった。この娘もいよいよ最期かと慶次郎は思ったが、はたして、娘は翌日に亡くなったという（拾遺一六〇話）。農業技師の菊池《きくち》という人が、夏の暑い日に川端で涼《すず》んでいると、故郷の台所の光景が眼前に現われ、姉が子供を抱いている後姿が映った。驚いて、「家に変事はなかったか」と手紙で問い合わせたが、手紙と行き違いに電報が来て、姉の子供が死んだという知らせであった（拾遺一六一話）。

「虫の知らせ」という言葉があるが、それは、遊離した霊魂のなせる業《わざ》なのかもしれない。

●死にゆく魂の寺参り

死に瀕《ひん》した者の魂は、寺参りをすることもあるらしい。北陸の能登《のと》半島では、死ぬ二、三日前に霊魂が抜け出して檀那寺《だんなでら》にお礼参りに行くのを「死人坊《しにんぼう》」と呼んだといい、『遠野物語』にも同様の伝承が見られる。

遠野のある家の主人は大病を患《わずら》っていたが、ある日、菩提寺（檀那寺）を訪れた。和尚《おしょう》は茶などを勧めてもてなしたが、その挙動が少し不可解に思われた。そこで、主人が帰る際、小僧に言いつけ、帰り道をしばらく追跡させたところ、道の角を曲

死者の霊の伝説

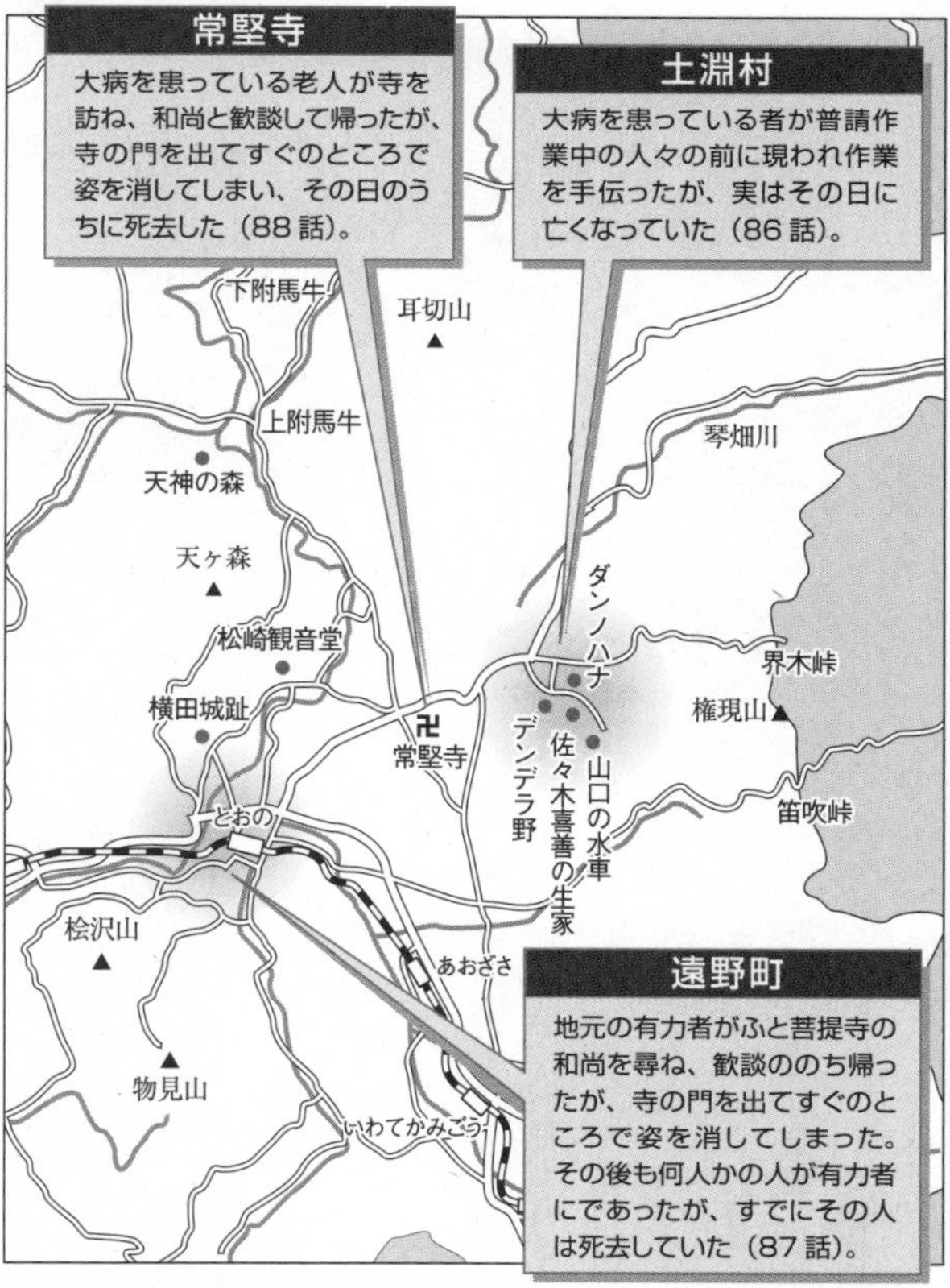
常堅寺
大病を患っている老人が寺を訪ね、和尚と歓談して帰ったが、寺の門を出てすぐのところで姿を消してしまい、その日のうちに死去した（88 話）。
土淵村
大病を患っている者が普請作業中の人々の前に現われ作業を手伝ったが、実はその日に亡くなっていた（86 話）。
下附馬牛
耳切山
上附馬牛
琴畑川
天神の森
天ヶ森
松崎観音堂
ダンノハナ
界木峠
権現山
横田城趾
常堅寺
デンデラ野
佐々木喜善の生家
山口の水車
笛吹峠
とおの
桧沢山
あおざさ
物見山
いわてかみごう
遠野町
地元の有力者がふと菩提寺の和尚を尋ね、歓談ののち帰ったが、寺の門を出てすぐのところで姿を消してしまった。その後も何人かの人が有力者にであったが、すでにその人は死去していた（87 話）。

かつて、生死の境にある状態の魂が遊離すると、はっきりと形を成して人々の前に現われると考えられていた。そして、親しい人や菩提寺に赴いて惜別の意や死の報告をしようとするのだという。

常堅寺

延徳２年（1490）の創建と伝わる曹洞宗の寺。河童淵に隣接し、境内には河童狛犬が置かれている。

があるあたりで主人の姿が消えた。主人に出した茶を確かめてみると、畳の境目に全部こぼしてあった。主人は、ちょうどその日に亡くなっており、とても外出できるような容態ではなかったという（八七話）。

続く八八話にも、寺を訪ねた老人の同様な話が収録されている。こうした幻が現われるのは、病人がちょうど息を引き取る時間帯であることが多いという。

魂が肉体を離れるようとする際、魂が最後のお別れに彷徨《ほうこう》するのであろうか。

第二章
霊魂と妖怪

魂の行方

花が咲き誇る美しいあの世に足を踏み入れる

あらすじ

飯豊の菊池松之丞《まつのじょう》が病気で死にそうになったときの体験談である。松之丞は、気付くと体がふわりと空中に飛び上がり、空を飛んで菩提寺（喜清院《きせいいん》）へ行った。寺には赤い芥子《けし》の花が見渡す限り満開で、そこには亡き父と息子がいた。松之丞が息子のほうに近寄ろうとすると、「来てはいけない」と言う。その時、門のあたりで自分の名を呼ぶ者がいたため、渋々《しぶしぶ》と引き返し始めたところで正気に戻った。親族の者たちが松之丞の顔に水を振りかけ、名前を呼び続けることで、あの世に足を踏み入れかけた彼を引き戻したのであった（九七話）。

気絶中に空を飛んで故郷に帰る

生死の境にある人の霊が抜け出す「オマク」は、その人が息を吹き返した後に臨《りん》死《し》体験として語られる場合もある。

ある人の家に、夜、火《ひ》の魂《たま》が入ってきたので、伏せた盥《たらい》に閉じ込めた。そこへ、長らく病気であった伯父《おじ》が危篤《きとく》になったとの知らせがあり、盥を上向きに戻してから伯父のもとに駆けつけた。蘇生《そせい》した伯父は、「さっき、こいつの家に行ったら、箒《ほうき》で追い回された挙句《あげく》、頭から盥をかぶせられ、苦しかった」と言って溜め息をついたという（拾遺一五一話）。

拾遺一五四話は日露《にちろ》戦争の時の臨死体験談で、仁太郎《じんたろう》という兵士が逆立ちをしていて体勢を崩《くず》し、しばらく昏睡《こんすい》状態となったが、その間、空を飛んで故郷に帰り、自分の妻と兄嫁、母に会った。しかし、せっかく帰省したのに大して歓待されなかったので、東京の兵営に飛んで帰ったという。同じ頃、仁太郎の実家では、白い服を着た仁太郎が飛ぶような勢いで帰って来たかと思うと、すぐに姿が見えなくなったので、不思議に思ったという。

●あの世を実際に見たら戻りたくなくなる

臨死体験者が見る死後の世界は、冒頭の話で「紅《くれない》の芥子の花咲満ち、見渡す限《かぎり》

賽の河原

栃木県那須町の賽の河原。死の国に行く際には川を渡るといわれ、実際に臨死体験をした者の多くは、川の手前で戻るように言われるなどしたと語っている。

菊池松之丞の臨死体験

門の前にたくさんの人が集まっており、故人である父や息子の姿もあった。息子は松之丞に、こちらへ来てはいけないと言った。
佐々木喜善の生家
ダンノハナ
土淵町山口
山口川
柏崎
阿修羅社
相沢の滝
土淵町
土淵
飯豊
田んぼから菩提寺に向かうことを思い立つ。
喜清院
青笹町糠前

土淵飯豊の菊池松之丞は、傷寒（インフルエンザ）を患って死にかけた際、菩提寺に向かう夢を見たという。

喜清院

慶長 10 年（1605）に建立された曹洞宗の寺院。本堂前のシダレザクラ（樹齢約 130 年）は死後の世界のように美しい。

（写真提供：PHOTOGRAPH. PRO）

も知らず」とあるように、花が咲き誇る美しい場所であることが多かった。

佐々木喜善の友人の母が仮死状態になった際、向こうのほうに美しい場所があると思って道を急いだが、息子らが呼ぶので、しかたなしに戻ったという（拾遺一五五話）。

続く拾遺一五六話は、佐々木の友人が大病で生死の境をさまよった際の体験談で、気付くと竜宮《りゅうぐう》のような門の前にいたが、門番が中に入れてくれず、皆の声に呼び戻されて蘇生《そせい》したという。

毛越寺庭園

奥州藤原氏が浄土思想の影響を受けて建立した毛越寺の浄土式庭園。

友人は、近所の女の乗った車が門を通過していったのを見て悔《くや》しがったというが、その女は、ちょうどその時刻に死んだことが後でわかった。

これらの伝承には、魅力的なあの世を目前にしたものの、誰かから呼ばれたので不本意ながら現実世界に帰ってきたという共通点がある。

その背景には、臨終に際して魂を呼ぶ「魂呼ばい」の習慣や、死後の世界を平安で安住の地と信じる浄土《じょうど》思想との関わりがあったと考えられる。

葬式の夜

佐々木家に確かな痕跡を残した老婆の幽霊

あらすじ

佐々木喜善の曾祖母《そうそぼ》の通夜《つや》があった晩、祖母と母が、一晩中火を絶やさないよう、囲炉裏《いろり》のそばに座っていた。すると、夜中に不意に足音がして誰かがやって来た。それは、亡くなったはずの曾祖母だった。曾祖母の幽霊《ゆうれい》が二人の脇《わき》を通り過ぎようとしたとき、丸い炭取《すみとり》に着物の裾《すそ》が触れ、くるくると回った。その後、幽霊が親族の寝ている座敷へと入って行くと、故人《こじん》の娘である狂女《きょうじょ》が「おばあさんが来た」と叫んだ(二二話)。

日常と怪異を結び付けた高い文学性

右の話については、「裾にて炭取にさはりしに、丸き炭取なればくるくるとまはりたり」という描写を、作家の三島由紀夫《みしまゆきお》が「ここに小説があった」と評したこと

佐々木家に現われた老婆の霊

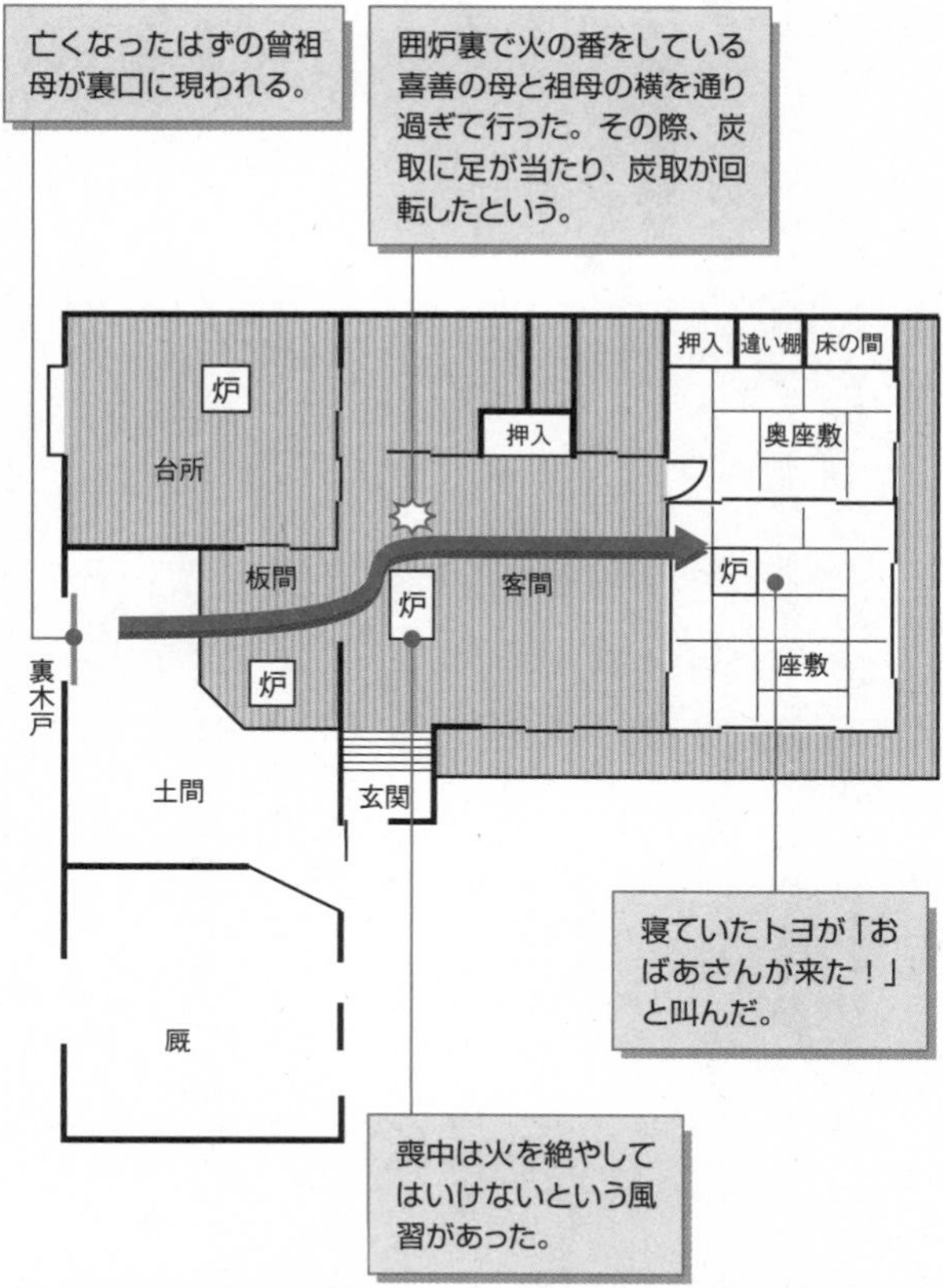
亡くなったはずの曾祖母が裏口に現われる。
囲炉裏で火の番をしている喜善の母と祖母の横を通り過ぎて行った。その際、炭取に足が当たり、炭取が回転したという。
押入
違い棚
床の間
炉
押入
奥座敷
台所
板間
炉
客間
炉
裏木戸
炉
座敷
土間
玄関
厩
寝ていたトヨが「おばあさんが来た！」と叫んだ。
喪中は火を絶やしてはいけないという風習があった。

佐々木家では、喜善の曾祖母が死去した際、その霊魂が人間の姿で現われる出来事があったという。

でも知られ、三島は日常と怪異《かいい》を結び付ける文学性の高さを絶賛した。

この話は、佐々木の曾祖母にあたるミチが亡くなった明治九年（一八七六）の出来事とされる。

囲炉裏端で幽霊を見たとされる佐々木の母は、後に、そんな記憶はないと話したというが、続く二三話も、ミチの霊とおぼしき幽霊の話となっている。

こちらは死後十四日目の法要《ほうよう》での出来事で、親族らが夜更けまで念仏《ねんぶつ》を唱《とな》えたあと、家路につこうとしたとき、「門口《かどぐち》の石に腰掛けてあちらを向ける老女あり。其《その》うしろ付正《つきまさ》しく亡くなりし人の通りなりき」と、大勢の人が曾祖母の幽霊を目にしている。

正体不明の幽霊

現代の一般的な幽霊のイメージといえば、「うらめしやー」と言いながら宙に浮かぶようにして現われ、怨《うら》みのある人を呪《のろ》う姿であろう。これは、近世の文学作品などで描写された幽霊の姿が、人々の間に定着していったものと見られている。そ

れ以前の時代の幽霊は、はっきりと全身を現わして地面に立っているものなど、そ

の姿はさまざまであった。

幽霊はこの世に未練《みれん》を残して死んだ場合に出没することが多いため、その思いを遂《と》げさせれば成仏《じょうぶつ》できると考えられた。冒頭の曾祖母の話でも、「如何《いか》なる執着《しゅうじゃく》のありしにや」（二二話）と、故人《こじん》がこの世に残した未練について人々は噂したが、真相はわからずじまいだった。

ただし、幽霊は常に何らかの思いや目的を持って、思い定めた人々の前に現われるのかというと、そうとは限らないようだ。

おひで婆の息子の葬式の夜のこと、山口の田尻長三郎《たじりちょうざぶろう》が席を立つと、軒先《のきさき》で見知らぬ男が死んだように寝ているのを見かけた。足で揺り動かしてみるも全く身動きせず、さすがに恐ろしくて、手を触れることはできなかった。翌朝、再びその場所へ行ってみると男の姿はなかったが、男が枕にしていた石や周囲の様子は昨夜の記憶の通りで、また、長三郎以外には、その男を見かけたという者はいなかった（七七話）。

『遠野物語』には、このような怪異譚が少なくない。

第二章
霊魂と妖怪

神隠し

若い女性や子供がある日、忽然と姿を消す

あらすじ

松崎《まつざき》村の寒戸《さむと》のある家で、娘が行方不明になり、三十年の歳月が流れた。嵐が吹き荒れるある夜、その家に親類が集まっていると、老女の姿となった娘が帰ってきた。老女は「皆に会いたいので帰ってきた。また戻ろう」と言い残し、ふっと消え去った（八話）。

●異界へ誘い込まれた人々

右の話は、「されば遠野郷《ごう》の人は、今でも風の騒がしき日には、けふはサムトの婆《ばば》が帰って来さうな日なりと云ふ」と結ばれている。三十年間も行方不明だった娘が老女の姿で現われたという話は、遠野では恐ろしい出来事として語り継がれたに違いない。佐々木喜善の『東奥異聞《とうおういぶん》』にはこの話の続きがあり、老女は毎年同じ季

サムトの婆伝承地

サムトの婆伝承地
松崎町駒木
松崎町松崎
松崎沼跡
松崎観音堂
西教寺
土淵町栃内
猿ヶ石川
河童淵
横田城跡
登戸橋
土淵町土淵
遠野郷八幡宮
松崎町白岩
八幡山
早瀬川
青笹町糖前
遠野
鶯崎
万通寺
八坂神社
南部神社
遠野町
至釜石・陸前高田

山男にさらわれた娘が後にその親戚の前に現われたというサムトの婆伝説は、遠野西部の登戸橋付近に伝わる。

節に帰ってきたが、そのたびに大雨に見舞われるので、しかたなく山伏《やまぶし》に封《ふう》じてもらったという。

若い娘や子供が突然行方知れずになってしまう現象は「神隠《かみかく》し」と呼ばれ、全国各地に伝承がある。海外でも、大勢の子供が一斉に姿を消した、ドイツの「ハーメルンの笛吹き男」のような例が知られている。

神隠しは、麦の刈り入れなどで忙しい旧暦四月の夕方に、村外《はず》れや川端、森や古《ふる》塚《づか》の近くで発生しやすいという。日が落ちる時刻の村外れは、逢魔時《おうまがとき》のような、異《い》界《かい》の入口を思わせる不気味さを漂わせていたことであろう。人々は、親しい人が突然行方不明になるという理解しがたい現象を、神によって異界に誘い込まれた、あるいは狐《きつね》や天狗《てんぐ》など異形《いぎょう》の者にさらわれたと考えることで、納得し、受け入れようとした。

神隠しは、山男とも関係が深い。ある男が出会った山姥は、昔、里で行方不明になった女で、山男にさらわれ、山で暮らしているといい、死ぬ前に一度、遠くからでもいいから、前の夫や子供に会いたいと話した（拾遺一〇九話）。また、青笹村のある家では、神隠しに遭い行方不明だった娘が現われ、六角牛山《ろっこうしさん》の主である夫にもらった何でも思いのままにできるという宝を残し、再び山に帰って行った（拾遺一一三五話）。

このように、姿を消した者が、親しかった人の前に一度だけ現われるのも、神隠しの特徴だ。神隠しは、人と神、霊界との交渉を信じた古代信仰の名残《なごり》とも考えられた。

●柳田自身の神隠し

著者である柳田も、幼少時、神隠しに遭いかけたという。

『山《やま》の人生《じんせい》』によると、四歳の柳田が、家から数キロ離れた松林のあたりを一人でとぼとぼと歩いているところを、知り合いの大人に発見された。神戸の叔母さんのところに行くと答えたというが、柳田自身はほとんど記憶がないという。

また何年か後、家族で茸《きのこ》狩りに行ったとき、池から山を越えたはずが、気付くと同じ池のあたりに戻っているということがあり、何かぼんやりとした精神状態になっていたが、母親の大声で正気に戻ったという。記憶がない間、柳田は異界へと迷い込んでいたのかもしれない。

大津波

かつての恋人と一緒に現われた妻の幽霊

あらすじ

船越《ふなこし》村田ノ浜《たのはま》の北川福二《きたがわふくじ》は、大津波《おおつなみ》で妻子を失い、生き残った子供と暮らしていた。津波から一年後の夏の夜、福二は、霧の立ち込めた海辺で一組の男女に出会った。女は死んだはずの妻で、男のほうは妻が結婚する以前の恋人で、やはり津波で死んだ人物であった。聞くと、二人は夫婦になっているという。自分たちの子供のことはかわいくないのかと福二が尋ねると、女は涙を見せたが、やがて男女は立ち去った。（九九話）。

二万人以上の死者が出た大津波

明治二十九年（一八九六）の六月十五日、東北地方東岸で地震による大津波が発生し、二万人以上の人が亡くなった。福二が住んでいた陸中《りくちゅう》海岸の田ノ浜では、一三八戸のうち、高台の九戸を除いた一二九戸が流失したという。この三陸《さんりく》大津波で、家はもちろん妻子も失った福二は、元の家があった浜辺に小屋を建て、生活の立て直しを図っていた。

三陸大津波による被害の後、津波の再来を恐れ、人々は高台のほうへ移ったが、生活の便宜上《べんぎじょう》、やがて海岸に戻って来た人が多いと、柳田は『雪国《ゆきぐに》の春《はる》』で述べている。

明治と昭和の両三陸津波による死者数

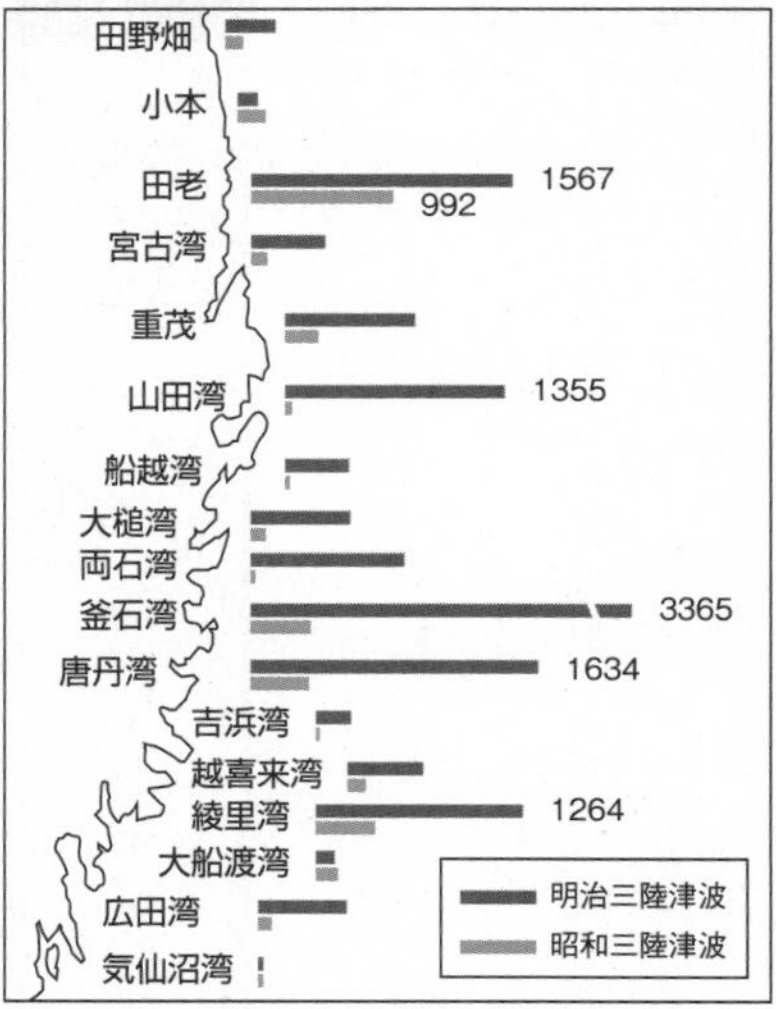
田野畑
小本
田老
1567
992
宮古湾
重茂
山田湾
1355
船越湾
大槌湾
両石湾
釜石湾
3365
唐丹湾
1634
吉浜湾
越喜来湾
綾里湾
1264
大船渡湾
広田湾
気仙沼湾
明治三陸津波
昭和三陸津波

約一年後、幽霊となって福二の前に現われた妻は、元恋人であった男の幽霊と一緒になっていた。

福二は妻の実家へ婿入《むこい》りする形で結婚したが、結婚後も、妻が元恋人に思いを寄せ続けていたのではないかという疑念が、こうした幻想を見させたとも考えられる。

第二章
霊魂と妖怪

天狗

鋭い眼光を持つ赤ら顔の大男と山伏

あらすじ
万吉《まんきち》という男が、湯治場《とうじば》で背が高い天狗《てんぐ》と知り合いになった。その天狗は、長距離を驚くほど短時間で移動した。年に一度か二度、天狗が万吉の家に泊まりに来て、酒を酌《く》み交《か》わすようになった。最後に天狗が来たとき、形見《かたみ》にと衣を脱いで残していった。その衣は、今もその家に残っていると伝えられる（拾遺九八話）。

赤ら顔で鋭い眼光の大男

赤ら顔で高く伸びた鼻を持ち、羽団扇《はねうちわ》を手に高下駄《たかげた》を履《は》いて空中を飛び回り、山中に高笑いを響かせる天狗。まさしく天狗のイメージは山の怪物である。

平安時代末期の『今昔物語集《こんじゃくものがたりしゅう》』の頃には、さまざまな天狗像が伝えられていた。

それが今のような姿に定着したのは、山中で命がけの厳しい修行を重ね、神秘的な力を取得する修験道《しゅげんどう》の山伏の姿が重ね合わされたものと見られている。山伏の修行は、まさに異形ともいうべき、すさまじいものだったのであろう。

『遠野物語』に登場する天狗は、山中に出没する恐ろしい大男として登場することが多い。

天狗の姿

天狗の姿といえば、赤ら顔で山伏の姿をした大男というイメージが一般に定着している。その背景には、山中で修行する修験者の存在があった。

早池峯山《はやちねさん》と峰続きである鶏頭山《けいとうざん》は天狗の住処《すみか》といわれ、「其《その》岩の上に大男三人居たり。前にあまたの金銀をひろげたり。この男の近よるを見て、気色《けしき》ばみて振り返る、その眼の光きわめて恐ろし」（二九話）、「きはめて大なる男の顔は真赤《まっか》なる」（九〇話）といった目撃談があり、鋭い眼光を持つ赤ら顔の大男といった特徴が見て取れるが、天狗の代名詞ともいえる高い鼻は、ここでは見られない。この大男たちは、赤い衣を羽根のようにして空中を飛ぶ（六二話）といった超能力を見せることもあったという。

九〇話では、天狗森という山に入った若者が大男と遭遇し、突き飛ばそうとしたが、逆に突き飛ばされた。

その若者は後に、「深き谷の奥にて手も足も一つ一つ抜き取られて死して居たりと云ふ。（略）天狗森には天狗多く居ると云ふことは昔より人の知る所なり」と、無残な死体となって発見され、それが天狗の仕業《しわざ》であったことがほのめかされている。

●人里に下りていく天狗

天狗の怪異譚としては、山中で木が切り倒される音がしたが、どこにも木が倒れていない「天狗ナメシ」（拾遺一六四話）が収録されている。

そのほか、各地に伝わる伝承として、突然大きな笑い声が響く「天狗笑い」、突

『遠野物語』の天狗伝説

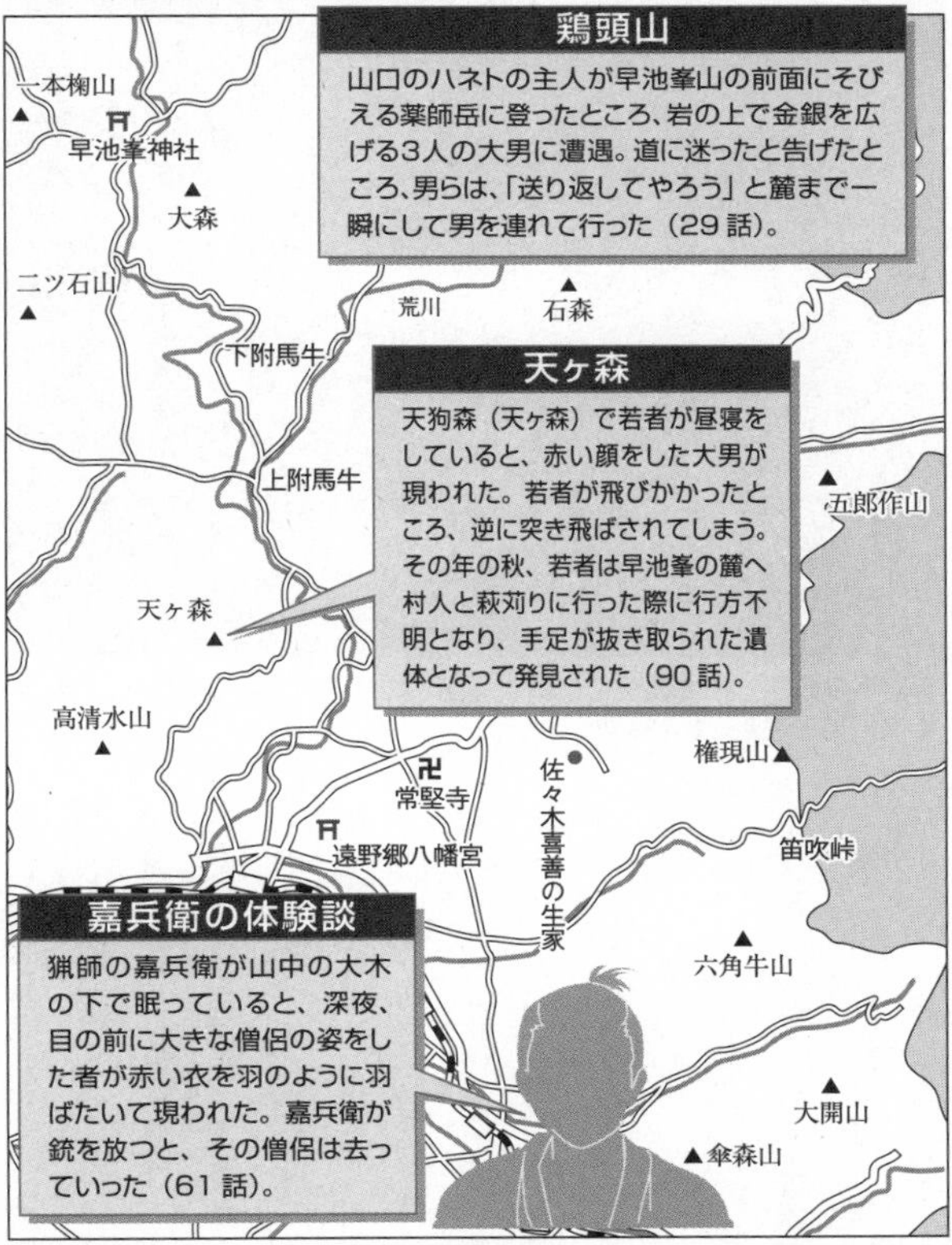
鶏頭山
山口のハネトの主人が早池峯山の前面にそびえる薬師岳に登ったところ、岩の上で金銀を広げる3人の大男に遭遇。道に迷ったと告げたところ、男らは、「送り返してやろう」と麓まで一瞬にして男を連れて行った（29話）。
天ヶ森
天狗森（天ヶ森）で若者が昼寝をしていると、赤い顔をした大男が現われた。若者が飛びかかったところ、逆に突き飛ばされてしまう。その年の秋、若者は早池峯の麓へ村人と萩刈りに行った際に行方不明となり、手足が抜き取られた遺体となって発見された（90話）。
嘉兵衛の体験談
猟師の嘉兵衛が山中の大木の下で眠っていると、深夜、目の前に大きな僧侶の姿をした者が赤い衣を羽のように羽ばたいて現われた。嘉兵衛が銃を放つと、その僧侶は去っていった（61話）。
一本椈山
早池峯神社
大森
二ツ石山
荒川
石森
下附馬牛
上附馬牛
五郎作山
天ヶ森
高清水山
権現山
佐々木喜善の生家
常堅寺
遠野郷八幡宮
笛吹峠
六角牛山
大開山
傘森山

『遠野物語』における山中での天狗遭遇譚のほかにも、突如大木が倒れる音が響き渡る「天狗倒し」や、高笑いが突然聞こえてくる「天狗笑い」などの怪異が全国に伝わっている。

鶏頭山

早池峯山の西方に峰続きで位置する山で、標高1445メートル。かつては天狗の住処といわれた。

然石が飛んで来る「天狗つぶて」などがある。

『遠野物語拾遺』では、冒頭に挙げた話のように、天狗が人里に現われて人々と交流する話も多く、親しみやすい一面も見せる。

清六《せいろく》天狗にもらったという天狗の衣や下駄《げた》を宝物にしている家もあり、人が天狗に尊敬の念すら抱いていたことが見て取れる（拾遺九九話）。

これらは、天狗と名乗る山伏との交流とも伝えられ、やはり、天狗と山伏は結び付けられて考えられていたのであろう。

第二章
霊魂と妖怪

雪女

冬の満月の夜に大勢の子供を引き連れてやって来る

あらすじ

小正月《こしょうがつ》の夜、あるいは冬の満月の夜は、雪女《ゆきおんな》が出て来て遊ぶという。雪女は大勢の子供を引き連れて来るともいう。そのため、小正月の夜に限り、子供たちは「雪女が出るから早く家に帰れ」と注意される。しかし、実際に雪女を見たという人は少ない（一〇三話）。

年神から妖怪へ

雪女は雪女郎《ゆきじょろう》、雪オナゴなどとも呼ばれ、雪の夜に現われるとする伝承が一般的である。

しかし遠野では小正月（旧暦の一月十五日で満月）の夜に姿を現わすとされた。

雪女が引き連れているのは、さらった子供であろうか。

東北地方の雪女

正月元旦に現われ、初卯の日に帰る。
津軽地方
男のもとにやって来て嫁になり、子をもうけるが、春になると忽然と姿を消す。
秋田市
小正月の夜に子連れで現われ遊ぶ。
遠野市
夜中に村を駆け回って子を連れ去り、我が子に食わせる。
最上市
氷柱が女性となり、嫁に入るが、カマドの前で溶けてしまう。
東根市
雪の晩に訪れた娘を暖かくして寝かせてやったところ、翌朝には溶けてしまった。
長岡市
旅人に話しかけ、背中を見せた瞬間に谷へ突き落とす。
磐城地方

東北地方にはさまざまな形の雪女伝説が伝わる。

この日の夜に限って子供たちの外出を戒《いまし》めたのは、一家揃《そろ》って豊作《ほうさく》を祈願《きがん》する大切な夜だからともいわれる。

雪女については、満月の夜に先祖の霊が月光に乗って来臨《らいりん》する姿とする伝承や、正月に年神《としがみ》として村々を訪れるという伝承もあり、年神的性格を備えていた。年神としての雪女は青森県西津軽郡でも伝えられるが、やがて、妖怪としての雪女に変貌したと見られる。

妖怪雪女といえば、小泉八雲《こいずみやくも》による伝説がよく知られる。

吹雪の晩に雪女と遭遇し父を殺された若者は、「このことは口外しない」と約束して助かり、その後、美しい女と出会い結婚する。

さらに数年後、若者は妻に雪女の話をしてしまう。すると妻が、自分はその雪女であると明かし、その姿は溶けて消え去ったという筋書きで、遠野にも同様の話が伝えられる。

冬の吹雪が激しい遠野地方において、ときには人命さえ奪う雪への畏怖が、美しくも恐ろしい雪女を現出させたのであろう。

こらむ・柳田國男を巡る人々③

泉鏡花

泉《いずみ》鏡花《きょうか》は、『高野聖《こうやひじり》』『婦系図《おんなけいず》』『天守物語《てんしゅものがたり》』など、日本の伝統や美意識に基づく浪漫《ろうまん》的《てき》な小説を残した作家として知られている。

鏡花と柳田國男《やなぎたくにお》は、明治三十年（一八九七）頃、共通の友人が住む大学寄宿舎で出会った。部屋の外を通りかかった柳田に、ちょっと上がらないかと友人が呼びかけたところ、柳田は窓に手をかけて飛び越えて入って来たという。そのとき室内に居合わせた鏡花は、この出会いがよほど印象に残ったらしく、小説『湯島詣《ゆしまもうで》』の冒頭の場面に使っている。

田山花袋《たやまかたい》や島崎藤村《しまざきとうそん》の私小説は厳しく批判した柳田だが、日本の伝統を踏まえた鏡花の作風に対しては賞賛を惜しまなかった。時代を超越した美意識で自在な世界を示す鏡花の作品には、「人を楽しませるのが芸術」という柳田の信念に通じるものがあった。柳田は、自らを「鏡花門徒《もんと》」と称して憚《はばか》らなかったという。

一方の鏡花も、花袋らとは異なり、柳田の『遠野物語《とおのものがたり》』について、「何度読んでも飽くことを知らない」「山男《やまおとこ》や河童《かっぱ》が紙上を抜けて目前に現れるごとく」と、高く評価した。

こうした二人の友情は、死が二人を分かつまで続いた。鏡花の死後、柳田は、「もう我々には国固有のなつかしいモチーフに、時代と清新《せいしん》の姿とを賦与《ふよ》することが、出来なくなった」と、その死を惜しんでいる。

第三章　動物と人間

熊

襲われる恐怖と、獲物としての魅力

あらすじ

「熊《くま》」と呼ばれる男が友人と一緒に六角牛山《ろっこうしさん》へ狩りに行き、大きな熊に遭遇《そうぐう》した。銃を構えようにも、すでに熊との距離が近すぎたため、「熊」はやむを得ず素手《すで》で掴《つか》みかかっていった。そして、格闘しながら谷川へ転がり落ちていったが、「熊」は見事に熊を撃ち取った。「熊」は数カ所に傷を負っただけで命に別状はなかったという。（四三話）。

聖なる神獣から高額で売れる獲物に

晩秋から翌春にかけては、熊狩りの季節となる。熊狩りでは、山頂で待ち構える銃《じゅう》手《しゅ》の方向へ、大勢の勢子《せこ》が熊を追い込んで撃ち取る、巻狩《まきがり》と呼ばれる手法が一般に使われる。

日本の熊と伝承

ヒグマ

北海道に生息し、アイヌの人々は神として敬ってきた。三毛別《さんけべつ》羆《ひぐま》事件に代表されるように、人や牛馬を襲うこともある。

『遠野物語』では、冬の六角牛山で熊に遭遇し、格闘の末に熊の頭を銃で撃ち抜き、勝利した実話が紹介されている。

中世には熊野権現の使者として保護され、狩猟対象から除外されていた。

ツキノワグマ

本州に生息し、雑食性で、驚いたときと雌が子を守るとき以外は人を襲わない。

熊は人間の命を脅かす危険な動物であるが、その一方で、熊の圧倒的な威力は人々に畏怖《いふ》の念を抱かせ、神獣《しんじゅう》と崇《あが》められることにもなった。

中世には、熊は熊野権現《くまのごんげん》の使者と見なされ、狩猟対象から除外されていたという。また、富山県の立山雄山《たてやまおやま》神社の縁起《えんぎ》を語る伝説では、熊を阿弥陀如来《あみだにょらい》の化身《けしん》としている。

神獣であった熊が捕獲されるようになったのは、熊の胆《い》や毛皮が商品価値を持つようになったためだ。熊の胆は、漢方では熊胆《ゆうたん》と呼ばれ、解熱剤、胃腸薬、虫下《むしくだ》しなどとして珍重された。いわば万能薬であり、金と等価で取引されたり、偽物も出回るほどであったという。

拾遺《しゅうい》二一〇話では、熊を仕留めそこない襲われたある猟師が、死んだふりをしてやり過ごした後、隙《すき》を突いて銃に弾を装填《そうてん》し、今度こそ熊を撃ち取ったという話がある。その熊から取った熊胆は一七〇円（現在の価値でいうとおよそ一〇万四〇〇〇円）の高額で売れたとされ、拾遺二一二話でも、山中で朽《く》ち木の穴に入り込んだ熊を見つけた兄弟は、撃ち取って高く売ることを考え、兄が見張りをする間に弟が家まで槍《やり》と鉄砲を取りに帰っている。熊は、危険を冒《おか》してでも仕留めるに値する

六角牛山

遠野三山の一つで、遠野市と釜石市の境界にある。標高1294メートル。山麓の六神石神社は坂上田村麻呂の創建と伝わる。

獲物だったのである。この兄弟は、いざ仕留めるという時に大きな地震に見舞われ熊を見失ったが、その後、付近の山で死んでいる熊を発見したという。

●話題をさらった熊との死闘

遠野《とおの》でも熊は身近な存在であったようで、若い女が山中で不意に大熊に出くわし、触られても投げられても身動きせずにいたところ、熊は立ち去ったという話が拾遺二〇九話に見られる。

『遠野物語《とおのものがたり》』に収められる熊遭《そう》遇譚《ぐうたん》には、危機一髪の生還を描く

遠野と熊

遠野には現在も熊が生息しており早池峯山の山道には熊避けのための空き缶が設置されている。

ものが多くを占めるが、なかでも、熊と人との緊張感あふれる戦いを描くのが、冒頭に挙げた四三話である。

この話は実話で、明治三十九年（一九〇六）十一月二十日付けの『遠野新聞』にも記事が掲載されている。ただし新聞記事では、狩りの場所は沓掛山《くつかけやま》で、「熊」にあたる人物は「松次郎《まつじろう》」と記され、松次郎は親子熊との壮絶な死闘によって衣服がずたずたに切り裂かれ、重傷を負ったとされる。

地元では有名な話であったため、話が派生したと考えられる。

第三章
動物と人間

河童

人間の女性と密通し、馬にいたずらをする

あらすじ

松崎《まつざき》村のある家の娘は、ときどき、川岸に一人しゃがんで微笑《ほほえ》んでいることがあり、周囲の者がいぶかしんでいた。すると、婿《むこ》入りした夫が留守の夜に、何者かが娘の所へ忍《しの》んで来るようになり、そのうち、婿が家で寝ている夜にも来るようになった。通ってくるのは河童《かっぱ》だと噂《うわさ》が立ったが、周囲の者はどうすることもできなかった。やがて娘が身籠《みごも》り、難産となったが、水中で出産することで解決した。生まれた子は水掻《みずか》きがあるなど奇っ怪な外見で、切り刻んで土中に埋められたという（五五話）。

遠野の河童は赤い

川の周辺には、遠野に限らず全国で河童の目撃譚が残されている。その姿は、お

かっぱ頭に水の入った皿を乗せ、肌の色は緑色というイメージが強いが、「身内《みうち》真赤にして口大きく」（五六話）、「外の地にては河童の顔は青しというようなれど、遠野の河童は面の色赭《あか》きなり」「真赤なる顔したる男の子の顔見えたり。これは河童なりしとなり」（五九話）とあるように、遠野では赤い河童が普通のようだ。

河童のもう一つの特徴が、腕力の強さである。

頭の皿が力の源とされ、人間に相撲を挑む話などが各地に残されているが、河童にまつわる説話のなかでも各地に多く見られるのが、河童駒引《こまひき》と呼ばれる話で、『遠野物語』にも次のような話がある。

川岸にいた馬を河童が水中に引き込もうとしたが、逆に自分が厩《うまや》まで引きずられ、人間に見つかった。河童は今後、馬にいたずらをしないことを約束して許された（五八話）。

この話や拾遺一七八話が河童駒引にあたる。この伝承の舞台は、集落に近い、馬を涼ませる川辺であることが多く、河童淵《ぶち》などと呼ばれる。河童駒引に共通するのは、河童が馬を水中に引きずり込むのに失敗し、人間に見つかってしまう点である。その後、河童は詫《わ》びて命を助けてもらうが、その際、引き換えに魚や妙薬《みょうやく》をもたら

土淵周辺に集中する河童淵

河童狛犬

河童淵を裏手に控える常堅寺の河童狛犬。

相沢の滝
山口川の姥子淵に住んでいた河童は、馬を奪おうとして失敗し、村人に謝罪したうえで上流の相沢の滝へと去ったという（58話）。
猿ヶ石川
松崎には河童が多く、2代続けて河童の子を身籠った者がいたという。また、太郎河童という河童がよく水面から顔を出して覗き込んだという（55話など）。
小烏瀬川
小烏瀬川も河童淵と呼ばれている。
猿ヶ石川
和野
大洞
常堅寺
河童淵
阿修羅社
柏崎
佐々木喜善の生家
相沢の滝
河童淵
河童が住むという常堅寺裏手の淵。佐々木喜善の曾祖母は真っ赤な顔の河童を見たという。また、雨の日には河童の足跡を見ることができたという（57話など）。

最も有名な河童淵は常堅寺裏手の淵であるが、そのほかにも河童の住処と伝わる場所が土淵周辺には存在する。

全国の主な河童伝説と河童の方言

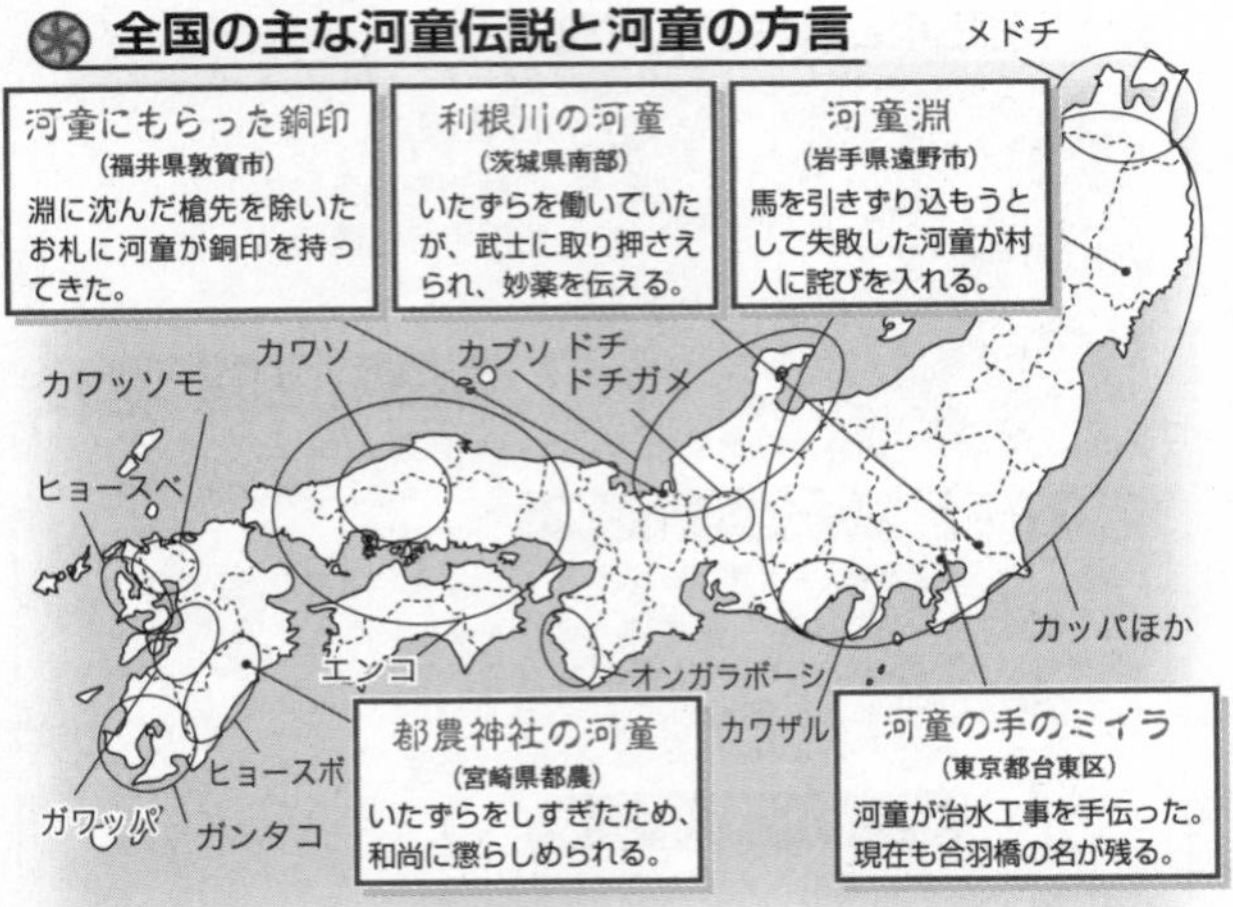
メドチ
河童にもらった銅印
（福井県敦賀市）
淵に沈んだ槍先を除いたお札に河童が銅印を持ってきた。
利根川の河童
（茨城県南部）
いたずらを働いていたが、武士に取り押さえられ、妙薬を伝える。
河童淵
（岩手県遠野市）
馬を引きずり込もうとして失敗した河童が村人に詫びを入れる。
カワソ
カブソ
ドチ
ドチガメ
カワッソモ
ヒョースベ
カッパほか
エンコ
オンガラボーシ
都農神社の河童
（宮崎県都農）
いたずらをしすぎたため、和尚に懲らしめられる。
カワザル
河童の手のミイラ
（東京都台東区）
河童が治水工事を手伝った。現在も合羽橋の名が残る。
ヒョースボ
ガワッパ
ガンタコ

河童は水辺における恐怖の対象である一方、人間に詫びを入れたり、人間の作業を手伝ったりする伝説も多く、身近な妖怪と考えられていた。

すこともある。拾遺一七八話では河童が詫証文《わびしょうもん》を書いたとあるが、釜石《かまいし》には、実際に証文を保管している家が三軒もあるという。

醜聞を幻想で包む

冒頭の五五話では、娘の家を「松崎村の川端の家」と記しているが、『遠野物語』の初校本《しょこうほん》までは当主の実名が記されており、最後の校《こう》正《せい》段階で伏せられた。話の内容を考慮して、実名の記載を控えたと考えられる。

娘が河童の子を孕《はら》んだという内容からは、何らかの不義密通《ふぎみっつう》が実際にあったのではないかと推測される。
地方の豪家で起きた、妻の不倫《ふりん》、出産、嬰児《えいじ》殺しというスキャンダルを、河童が登場する幻想譚に置き換えることで、関係者の体面が傷付かないように処理したと見ることもできる。

小鳥瀬川

北上川水系の川。58話に書かれている河童駒引の話はこの川が舞台となっている。

狐

化けて人を騙すが、人間の親切にお礼をすることも

あらすじ

ある漁師が、夜道で妻と出くわした。これは狐《きつね》が化《ば》けて出たに違いないと考えた漁師は、切りつけて殺害し帰宅した。すると、妻は今さっき殺されそうになる悪夢を見たという（一〇〇話）。

すぐには正体を現わさない

狐は、狸《たぬき》とともに人を化かす動物の代表とされ、『遠野物語』にも多くの話に登場する。

化けているのが見破られてもすぐには正体を現わさないのが特徴で、右に挙げた一〇〇話では、殺しても元の姿に戻らない狐に漁師は不安を覚え、急いで自宅に駆け付け、妻の無事を確認し、再び元の場所に引き返すが、そこでようやく、妻の姿

から狐に戻っていったという。

　拾遺二〇七話も同様で、ある男が友人とその愛人の三人で炭焼小屋に泊まった際、女の正体を狐と見破り、夜中に斬り殺すが、朝になっても正体を現わさず、その後、「だんだんと死んだ者の面相《めんそう》が変わって来て、しまいに古狐の姿を現わした」という。

稲荷神社の石狐

狐は稲荷神の使いとされ豊穣を願う民によって全国へとその信仰が広まっていった。

　狐の登場する話には食べ物を騙《だま》し取るパターンも多く、九四話では、菊蔵《きくぞう》が姉から餅《もち》をもらって帰る途中、山道で友人の藤七《とうしち》に会い、菊蔵は誘われるまま相撲に興じたが、気付くと懐《ふところ》の餅を盗られていた。ほかにも、拾遺一九三話と拾遺一九五話では、魚をめぐる人間と狐の知恵比べが展開されている。

狐の恩返し

現在では、狐は人を化かすというイメージが定着している。『遠野物語』にはそうした話も収録されている。和野《わの》村の嘉兵衛《かへえ》爺はキジ猟を邪魔する狐を撃とうしたが、いつの間にか鉄砲に土が詰めてあり、失敗に終わった（六〇話）。また一〇一話には、ある男が、家に死人の出た知人から頼まれ留守番をしていると、安置してある遺体が起き上がったため、見回してみると、近くに狐の姿があった、という不気味な話もある。

こうした話の背景には、中世に中国から伝わり広まった、「九尾《きゅうび》の狐」などの説話の影響があると見られる。

それ以前には、狐は稲荷神《いなりしん》の使いであるとする信仰が盛んで、人々は水田を見渡せる高台に狐塚《きつねづか》を設けて祀《まつ》るなどした。狐に対する信仰はその後に衰退したが、今も稲荷神社が各地に残っている。

化けた狐が律儀《りちぎ》に恩返しをする話は、全国の説話に見られる。拾遺一八八話では、

遠野の狐伝説

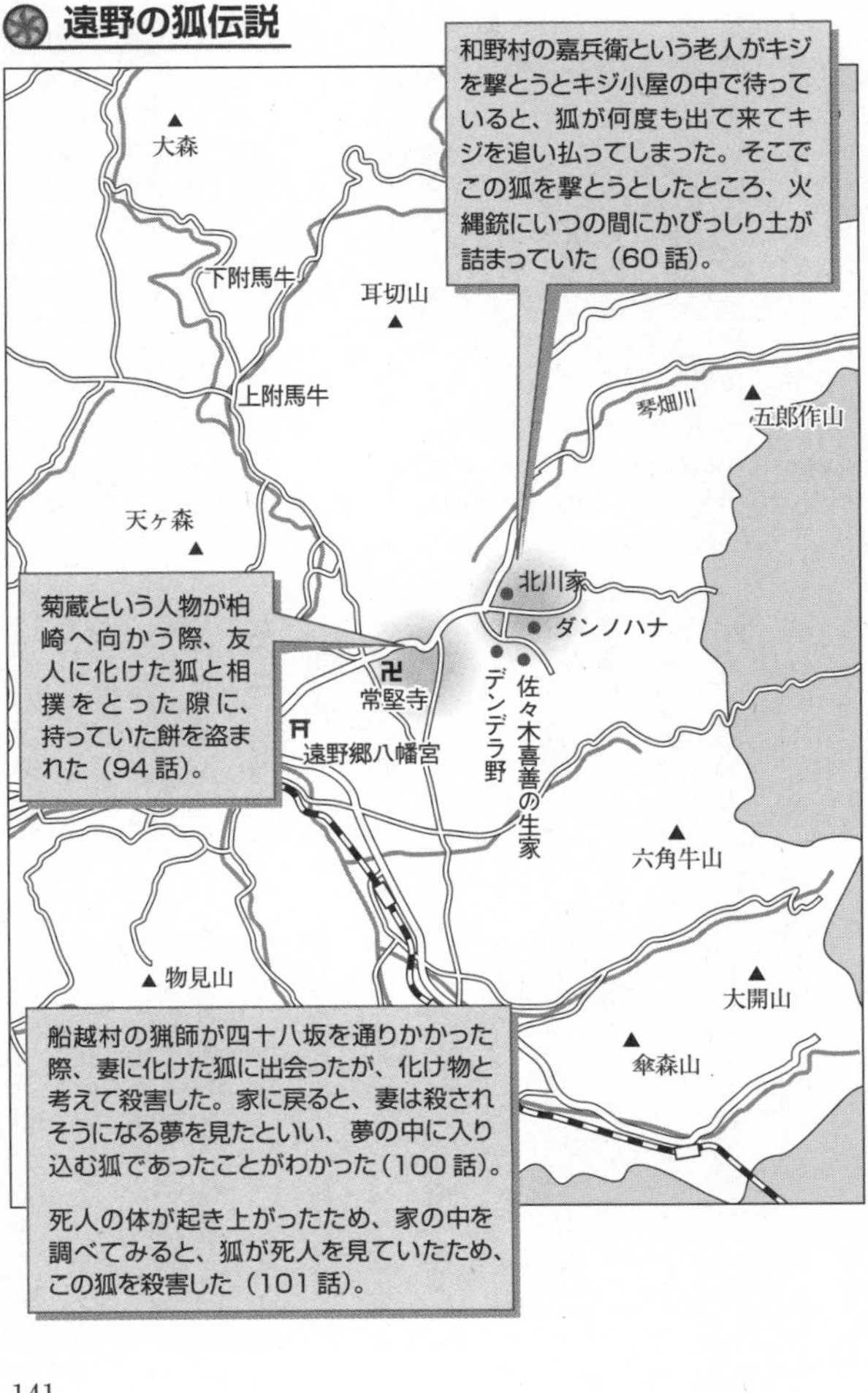
和野村の嘉兵衛という老人がキジを撃とうとキジ小屋の中で待っていると、狐が何度も出て来てキジを追い払ってしまった。そこでこの狐を撃とうとしたところ、火縄銃にいつの間にかびっしり土が詰まっていた（60話）。
大森
下附馬牛
耳切山
上附馬牛
琴畑川
五郎作山
天ヶ森
北川家
ダンノハナ
菊蔵という人物が柏崎へ向かう際、友人に化けた狐と相撲をとった隙に、持っていた餅を盗まれた（94話）。
常堅寺
遠野郷八幡宮
デンデラ野
佐々木喜善の生家
六角牛山
物見山
大開山
傘森山
船越村の猟師が四十八坂を通りかかった際、妻に化けた狐に出会ったが、化け物と考えて殺害した。家に戻ると、妻は殺されそうになる夢を見たといい、夢の中に入り込む狐であったことがわかった（100話）。
死人の体が起き上がったため、家の中を調べてみると、狐が死人を見ていたため、この狐を殺害した（101話）。

飯綱の狐

三好想山『想山著聞奇集』（1821 年頃）より。飯綱の狐は管狐（くだぎつね）とも呼ばれ、中部地方を中心に関東、東北地方にも伝承が見られる。（国立国会図書館所蔵）

難産の女を助けてほしいと、老婆が医者に頼んでいる。

これは「狐のお産」として各地に伝わる昔話の類型であるが、お礼のお金が偽物とされる伝承もある。

騙すことが多い狐の話のなかで異質なのが、「飯綱《いづな》の狐」である。袂《たもと》に入るほどの小さな狐で、「これさえあれば誰でも俺の様に何事でもわかるし、また思うことが何でもかなう」（拾遺二〇一話）とされ、男はこれで財をなし、人から信頼を得る。しかし、やがて効力が薄れていく。「飯綱は皆斯《そ》ういうもので、その術には年限の様なものがあって、死ぬ時にはやはり元の有様に戻ってしまうものだ」という。

第三章
動物と人間

狼

神の使いとして崇められた「御犬」と家畜を襲う害獣

あらすじ

飯豊《いいで》村の者が狼《おおかみ》の子を殺したり、連れ帰ったりしたところ、この村の馬だけが頻繁《ひんぱん》に狼に襲われるようになった。そこで、鉄《てつ》という力自慢の男が狼退治に向かったが、雌《めす》狼の襲撃を受けた。狼は鉄の腕に食らいつき、鉄も必死に応戦し、相討《あいう》ちとなったという（四二話）。

霊験を発揮する遠野の狼神

『遠野物語』で「御犬《おいぬ》」と記されるのは、狼のことである。狼は古くは大口真神《おおぐちまじん》、大神《おおかみ》などと呼ばれ、神の使いとして崇《あが》められていた。遠野の祭祀《さいし》にも狼信仰が見られ、小正月に「オイヌの餅」を作り、山麓の木の枝に結び付けて狼に食べさせる行事があるほか、田植えが終わる時期には「オイヌイワイ」をする。これは山中の夫《め》婦石《おといし》に神酒《みき》を供える行事として伝わっている。

『遠野物語』には、狼にまつわる話がほかにもいくつか収録されている。ほろ酔いの男が帰宅途中に狼の鳴き真似をしたところ、狼が家までつけてきて厩《うまや》に侵入し、馬を全て喰い殺してしまったという話（三八話）や、佐々木喜善《ささききぜん》が幼い頃、狼に殺されて間もない鹿《しか》を発見したが、一緒にいた祖父は狼の報復《ほうふく》を恐れ、鹿皮を持ち帰るのを断念したという話（三九話）が見られる。

拾遺七一話から七三話は、三峰《みつみね》様という狼信仰の話である。拾遺七一話では、狼の神である三峰様の力を借りて祈祷《きとう》をして、村内で起きた盗難事件の犯人が明らかになったという話が展開される。盗みの犯人を三峰様に尋ねる祈祷の際、顔が青ざめ震えが止まらない女がいて、皆が追及したところ、女は観念《かんねん》して盗品を差し出したと記されている。

●家畜を襲う害獣

狼の信仰は、恐れが敬《うやま》いの念《ねん》に変わって生まれたと考えられるが、なかには、ホラ貝を吹いて狼を追い払うといった行事もある。実際の生活においては、狼は馬な

遠野の狼伝説

二ツ石山

二ツ石山の岩の上に馬の子ほどの御犬が目撃された（36話）。

佐々木喜善が幼い頃、祖父と山へ入った際、鹿の死骸を目撃する。祖父は、これは狼が襲ったものであり、必ず近くに隠れているので、奪ってはならないと言った（39話）。

小友村の某爺が酒に酔って帰宅途中、狼の吠える声を聞き、その声を真似したところ、狼も吠えながら後をつけてきた。某爺が家に籠って震えていたところ、夜中の間に7頭の馬が全て喰われていた（38話）。

六角牛山

六角牛山の麓で飯豊村の者が狼の子3匹のうち2匹を殺し、1匹を奪ったところ、その日から飯豊村の馬がたびたび狼に襲撃されるようになった。力自慢の男が狼退治に向かい、雌の狼と格闘。狼を殺害したが、自身も腕の骨を噛み砕かれた（42話）。

本州唯一の肉食獣であった狼は、たびたび家畜を襲撃し人間と戦いを繰り広げてきた。『遠野物語』では人間のような心情を持った生き物として描かれてもいる。

どを襲う害獣であり、『遠野物語』に収録されている狼の話にも、そのような内容が少なくない。

明治時代初期、狼による被害は深刻であった。三七話はその名残《なごり》を伝える話で、馬に荷を積んで峠を越える馬方《うまかた》は、狼の襲撃に備え集団で行動していた。あるとき、二、三百頭もの狼の大群に追われたため、人も馬も皆一カ所に固まり、火や綱《つな》で狼の侵入を防いだという。

ニホンオオカミ

奈良県で明治 38 年（1905）を最後に姿を消し、絶滅したといわれている。

岩手県では、狼の捕殺に賞金を出す「狼褒《ほう》賞金《しょうきん》」制度が設けられ、雌狼は八円、雄狼は五円、子狼には二円が支払われた。当時の八円は親子三人の半年分の米代に相当する高額であり、猟師らがこぞって狼退治に繰り出した。さらに、明治二十三年（一八九〇）の大雪の影響で狼の獲物である鹿が激減したこともあり、明治中期には岩手県の狼がほぼ全滅したという。

第三章
動物と人間

猿の経立

六角牛山周辺に棲む老獪な猿

あらすじ

猿《さる》の経立《ふったち》は好色《こうしょく》で、村里の女を盗む。その姿は、全身に松脂《まつやに》を塗った上に砂を付けており、毛皮は堅くなり、鉄砲の弾も貫通しない（四五話）。

河童とも重ね合わされる存在

経立とは、本来の寿命以上の年齢になり、妖怪《ようかい》のような霊力《れいりょく》を得た者をいう。猿の経立にまつわる伝承が生まれた背景としては、老獪《ろうかい》な猿の話を語ることで、子供たちに、山に生きる動物への畏敬《いけい》の念を培《つちか》ったということが考えられる。「この山には猿多し。緒桛《おがせ》の滝を見に行けば、崖の樹の梢《こずえ》にあまた居り」（四七話）とあるように猿の多い六角牛山は、猿の経立の出没地としても知られた。また、六角牛山の猿は、人を見かけると木の実を投げ付けながら逃げ、仙人峠《せんにんとうげ》の猿は、通行人に石を投げるなどのいたずらをする（四八話）という。

遠野盆地には猿《さる》ヶ《が》石《いし》川という川が流れるが、この名は旧附馬牛《つくもうし》村の伝承に由来する。村では猿の経立がよく出没したが、あるとき、猿だと思ってよく見ると、それは石であったということがあり、猿ヶ石の名が付いたという。

猿ヶ石川周辺の猿の伝説は河童の伝説とも分布が重なっており、五七話では、河童について「猿の足と同じく親指は離れて人間の手の跡に似たり」とある。遠野の猿は山だけでなく水辺にもよく出没することから、河童と重ね合わせて見られたと考えられる。

ニホンザル

年を経た猿は知恵をつけて「経立」と呼ばれる化け物になるとされた。

実害が少ない遠野の猿伝説

各地の伝説に登場する猿の妖怪は恐ろ

日本の猿信仰と妖怪

『遠野物語』では、猿の経立は体毛を松脂と砂で鎧のように固めているために銃弾も通じず、人間の女性を好んで人里から盗み去るとし、「猿の経立が来るぞ」と、子供を躾《しつけ》のために脅したという。

青森県、岩手県では、常識の範囲をはるかに越える年齢を重ねた動物は、経立という化け物に変化するといわれる。猿以外にも魚や鶏などが経立となった例が伝わる。

「(悪事を) 見ざる、言わざる、聞かざる」、いわゆる「三猿」の浮き彫りで知られる日光東照宮。全国に広がる庚申信仰との関わりも深い。

野洲郡の三上山の僧のもとに猿が現われ、「自分はインドの王だったが生前の罪で猿に生まれ変わり、この神社の神となった」と語る話が『日本霊異記』に登場する。

光前寺
日吉神社
日吉神社では、猿を神使として崇める。

美作国の中山の神である大猿が毎年人身御供を求めていたが、配下の猿を猟師に退治され、謝罪した。

長野県の伊那地方から静岡県の遠州地方には、娘を人身御供に求めるヒヒの化け物を犬が退治する伝説が伝わる。


日本では猿を霊獣として敬う一方、さまざまなヒヒの退治伝説が残っている。

しい存在であることが多く、遠野にも、一般に「猿神退治」として知られる昔話の類型が伝わっている。

ある旅人が、人身御供《ひとみごくう》にされようとしている娘とその家族に出会い、娘の身代わりとして山に出向くと、そこに猿の経立が現われ、これを退治するといった筋書きで、平安時代の『今昔物語集《こんじゃくものがたりしゅう》』にも似たような話がある。

『遠野物語』に登場する猿の経立は、人間の命を脅《おびや》かすには至らない。「恐ろしくて起き直りたれば、おもむろに彼方《かなた》へ走り行きぬ」（四四話）、鹿狩りに出た男が鹿を呼ぶ笛を吹くと、本物の鹿がいると勘違いした猿の経立が現われた際、男が驚いて笛を吹きやめたところ、「やがて反《そ》れて谷の方へ走り行きたり」（四六話）とあるなど、人間と出会っても襲わず、自分から逃げて行く場合が多い。

猿の経立が出没する状況には、ある共通点が見られる。「鉱山の為に炭を焼きて生計《せいけい》とする者、これも笛の上手にて、ある日の昼間、小屋に居り、仰向《あおむけ》に寝転びて笛を吹きてありしに（中略）驚きて見れば猿の経立なり」（四四話）、「オキ（鹿笛）を吹きたりしに、猿の経立あり、之《これ》を真の鹿なりと思いしか」（四六話）というように、笛の音に誘われて現われることが多いようだ。

第三章
動物と人間

小鳥の前世

昔、人間の姉妹だった郭公と時鳥

あらすじ

郭公《かっこう》と時鳥《ほととぎす》は、昔、人間の姉妹であった。二人が芋《いも》を分け合って食べる際、姉は固い外側を自分で食べ、内側の軟かい部分を妹に与えていた。しかし妹は、美味しい部分を姉が独占していると思い込み、姉を殺してしまった。死んだ姉は郭公に姿を変え、真相を知った妹は深く後悔し、時鳥となった（五三話）。

鳥たちの生態と人間の営み

昔話の一類に小鳥前生譚《ぜんしょうたん》がある。人間であった前世において哀れな死に方をして、鳥に生まれ変わるという筋書きで、その鳥の鳴き声や形態、習性などの由来を説く。ホトトギス、カッコウのほか、ヒバリ、モズ、スズメなどの話が多く残っている。これらの鳥は春から夏にかけて鳴くことから、田植えや麦刈りといった農村生活と結び付いている物語も多い。

『遠野物語』には、遠野に生息する鳥たちの前生譚がいくつか収録されている。五一話はオット鳥についての話で、昔、ある長者の娘が、別の長者の家の息子と山に行ったが、男が行方不明になった。探し続けた娘は、やがて「オットーン、オットーン」と鳴く鳥となったという。この話の登場人物は未婚の男女であるが、男女を若夫婦とする話が別に伝わっている。オット鳥は全長二〇センチほどの日本国内最小のミミズクで、コノハズクとも呼ばれる。

また、五二話は馬追鳥《うまおいどり》の話で、ある家の奉公人《ほうこうにん》が山へ馬を放しに行ったとき、一頭が見当たらなくなり、夜通しこれを探し歩き続けたところ、「アーホー、アーホー」と鳴く鳥となったという。この馬追鳥はアオバトのことで、通常、深山《しんざん》に生息しているが、ときおり村里にやって来るといい、「里にきて啼《な》くことあるは飢饉《ききん》の前兆なり」とあるのは、山で果物や木の実などの食料が不足している証《あかし》ということだろう。

●カッコウとホトトギス

鳥に関する昔話や文学作品のなかでも、とくに数が多いのがホトトギスである。

『聴耳草紙』に掲載された鳥の前生譚

ハト	飢饉の年、父親のもとに粉煎を持っていくよう言い付けられるも、子供はそれを忘れて遊びほうけてしまった。気が付いて父のところへ行くと、すでに父は餓死していた。子供はハトとなり、「父粉食えっ」と鳴くようになったという。
スズメ	もともと人間の娘であったスズメは、着飾って祭礼へ行こうとしたが、親の臨終の知らせを聞き、鉄漿を垂らしたまま駆けつけ、死に目に会えた。この孝行心から、田畑の穀物を自在についばむことが許されるようになった。
ツバメ	ツバメも人間の娘であったが、祭礼へ行く際、化粧に未練が残り、死に目に会えなかった。その罰として、土ばかり啄《つい》ばむ羽目になった。
長尾鳥	雨の日に山から下りて来てギイギイと鳴くわけは、川岸にある親の墓が流れるといって鳴くためだという。
オット鳥	ある夫婦が奥山へ蕨採りに出かけた際、互いに姿を見失い、妻は山中を「オットーン、オットーン」と呼び歩いているうちに死んでオット鳥になった。また、山中で夫の遺体を発見したともいう。
鉦打鳥と地獄鳥	継母にいじめられながらも孝行を尽くした、前妻の子である姉が、継母の死を悲しんで鉦《かね》打鳥となり、実母にかわいがられながらも孝行を尽くさなかった妹が、ノドを病んで死に地獄鳥となった。
カッコウとホトトギス	『遠野物語』に同じ。
馬追鳥	ある日、馬放童が山で馬を放ち、夕刻になって帰ろうとしたところ、どうしても1頭不足していた。「アーホー、アーホー」と呼びながらあたりを探したが、その馬は見つからなかった。その後も馬放童は馬を探し続け、そのまま鳥となった。
カラスとトビ	トビはもともと紺屋であったが、遅れて注文に来たカラスの衣装を、忙しさの余り真っ黒に染めてしまった。そのため、怒ったカラスはトビを見かけるたびに喧嘩を仕掛ける。
葦切鳥	宿屋に泊まった侍が、翌朝、草履が片方ないのを見咎め、女中の落ち度だといって手打ちにした。女中は、傷口を洗おうと河原へ走りながら鳥となった。
ミソサザイ	鳥の間で互いにご馳走を出し合うことになった際、イノシシを狩って最も良いご馳走を出したミソサザイが鳥の王様となった。

佐々木喜善が著わした『聴耳草紙』には、『遠野物語』に収録されたカッコウとホトトギス以外にも数多くの鳥の前生譚が紹介されている。

冒頭に挙げた五三話に類する話は、全国的に広く分布している。カッコウとホトトギスは同じカッコウ科で外見が似ていて、ともに托卵《たくらん》の習性を持ち、カッコウのほうがホトトギスより体が大きいことから、両者の前世を姉妹とする物語が生まれたと考えられる。ほかに、男の兄弟や、親子となっている話もある。

カッコウ

ホトトギスの姉とされたカッコウ。全長約35センチほどで、閑古鳥とも呼ばれる。日本で鳴き声が聞かれるのは5月中旬から7月中旬頃にかけてに限られる。

　五三話では、その鳴き声の由来も語られている。包丁《ほうちょう》で刺された姉はカッコウに姿を変え、「ガンコ、ガンコと啼きて飛び去りぬ。ガンコは方言にて堅い所と云うことなり」といい、ホトトギスになった妹は「鳥になりて庖丁かけたと啼きたり」という。以来、遠野ではホトトギスのことを「包丁かけ」と呼ぶようになったという。

第三章
動物と人間

鮭

遠野最古の一族・宮氏を背中に乗せて助ける

あらすじ
宮《みや》家は遠野で最も古い家である。ある日、宮氏の元祖が鹿の毛皮をかぶって猟に出たところ、大鷲《おおわし》にさらわれた。宮氏は、大鷲が木の枝に止まって羽を休めた隙《すき》に短刀で鷲を殺したが、絶壁の岩場に落ち、身に付けていた布と鷲の羽で綱《つな》を作り、水際まで下りた。そこへ鮭《さけ》が現われ、宮氏は鮭の背に乗って帰宅した（拾遺一三八話）。

●遠野盆地の成り立ちと宮家の物語

現在の遠野は山々に囲まれた盆地であるが、一話では「大昔はすべて一円の湖水なりしに、其《その》水猿《さる》ヶ《が》石川《いしがわ》と為《な》りて（中略）邑落《ゆうらく》をなせしなり」と伝えている。盆地がかつて湖であったという伝承は各地にあり、大蛇《だいじゃ》と大亀《おおがめ》の争い、巨人の神様が蹴《け》ったなど、湖水が流出した由来譚《ゆらいたん》が伝わっている場合が多いが、遠野の湖が盆地に変わった経緯はわからない。

拾遺一三八話は「鮭の大助《おおすけ》」と呼ばれる昔話の類型で、さらわれた先が佐渡ヶ島《さどがしま》であったり、玄界灘《げんかいなだ》の離島であったりと異なる以外は、どれも似た筋書きになっている。

　鮭の大助というのは、遡上《そじょう》する鮭の群れを先頭で率いる首領《しゅりょう》で、先祖が大きな鷲や鮭に運ばれたという伝承は、その家の格を高める意味を持っていたと考えられる。

　この宮家には、開けてはならない箱があった。当代の主人が開けてみたところ、市松模様《いちまつもよう》の布片が一枚入っていたという（拾遺一四一話）。

　この布片については、宮家を守ってきた鮭の皮とする説のほか、鮭豊漁祭の道具の一部と見る説もある。

湖沼地帯伝承の残る場所

遠野のように古くは湖であったと伝わる盆地は、山形や熊本、山梨などに残る。

第三章
動物と人間

蛇

水の神として神聖視され、殺すと祟られた

あらすじ

山口孫《やまぐちまご》左《ざ》衛《え》門《もん》の家で茸《きのこ》がたくさん採《と》れたので昼食に出したところ、食べた者は全員、毒にあたって死んだ。山口家は親戚に財産を持ち去られ、家は跡形もなくなった（一九話）。山口家の不運には前兆があり、以前、この家の下男たちが、干し草の下に蛇《へび》がたくさんいたのを皆殺しにするという出来事があった（二〇話）。

蛇の祟りによる山口家の没落

蛇を神聖視して信仰する歴史は古く、世界各地で広く見られる。

蛇は神霊《しんれい》の化身《けしん》とされ、直接見たり指さしたりすることが忌避《きひ》され、また、蛇が水辺に生息することから、水の神と見なし、蛇に雨乞《あまご》いをするといった風習も見ら

れた。

神聖視するということは、その裏には、無用な殺生《せっしょう》による祟《たた》りも存在することになる。

冒頭の一九話は山口家にまつわる長者没落譚《ちょうじゃぼつらくたん》で、続く二〇話では、祟りの原因となった出来事が述べられている。

当主の孫左衛門は、見慣れぬ茸を食べるのを止めようとし、干し草の下に見つけた蛇を殺さないよう言い付けているが、下男らはその忠告を無視する。

茸を食べるか否か皆で話し合うと、「下男の一人が云ふには、いかなる茸にても水桶《みずおけ》の中に入れて苧殻《おから》をもってよくかき廻してのち食へば決して中《あた》ることなし」(一九話)との意見が通ってしまう。

また、干し草の蛇については、「屋敷の外に穴を掘りて之を埋め、蛇塚を作る。その蛇は簣《あじか》に何荷《なんが》ともなくありたりといえり」(二〇話)と、供養《くよう》をしても祟りを逃れられないであろうほどの無数の蛇を殺している。

水の神に捧げられた娘の遺体

遠野の蛇伝説

元禄の頃、松崎沼を見に行きたいと突然言い出した姫が、沼の岸に来るといきなり水中に没してしまった。籠の中には蛇の鱗が残っていたという（拾遺31話）。

土淵村松崎の家に現われたヤマカガシを殺したところ、実はその家の先祖であったため、謝罪して許してもらった（拾遺181話）。

おせんという女性が山に入ったまま蛇体となった。のちに洪水が起こった際に氷口の淵に元の姿を現わしたが、すぐに水の底へ沈んでしまった（拾遺30話）。

山口家に大きな蛇が現われたので、主人の制止にもかかわらず人々がこれを殺してしまった。そして、屋敷の外に埋め、蛇塚を作った（20話）。

遠野の蛇は、青大将《あおだいしょう》や縞蛇《しまへび》など、毒を持たない種類がほとんどで、そのため、蛇の祟りで人が死ぬことはあっても、蛇の毒で人が死ぬという話は見られない。青大将はネズミの天敵《てんてき》であることから、家の神として蛇を崇敬《すうけい》する風習が各地に見られた。

逆に、蛇を恐れ、見つけたら殺す習慣のあった土地では、ネズミが大繁殖することもあったという。

蛇にまつわる昔話には、祟りの話のほか、異類婚姻譚《いるいこんいんたん》として人間の女性を奪う話などもあるが、その両方の要素を含んでいるのが、拾遺三四話である。

腹帯《はらたい》ノ淵《ふち》の近所にある家で一度に三人もの急病人が出た。じつはこの家の三女は、淵の主に見染《みそ》められており、この家の三女を嫁に貰うために近くの淵の主が遣《つか》わした小蛇を殺した祟りだとされた。

三女が病死すると、三女を淵の主に捧げるため、葬式は偽の棺《ひつぎ》で行なわれ、遺体は淵の傍《かたわら》に埋められた。

翌々日、家の者がその場所を確かめると、娘の遺体は消えていて、三人の病気は治ったという。

松崎観音堂

大同 2 年（807）の創建と伝わる、遠野七観音の第 2 番札所。本尊は十一面観音立像で慶長 11 年（1606）の銘がある。

伝承に登場する蛇の特徴

『古事記』『日本書紀』に登場する三輪山の神が蛇の姿であったように、かつては神とされていた。

● **執念深い**

『遠野物語』では、20話や181話のように、人間に殺された後に復讐を行なう話が登場する。

● **女性を好む**

『遠野物語』には登場しないが、三輪山の神や鏡山の蛇神など、女性を求める伝説が残る。

神として崇められていた蛇は、仏教伝来後しだいに邪悪な存在と見なされるようになった。

第三章
動物と人間

白い鹿

神の化身を千日間追い続けた猟師

あらすじ

かつて、隼人《はやと》という猟師が白い鹿を見つけて、山中で千日間も追い続けたことから、その山は千晩《せんば》ヶ岳《がたけ》と名付けられた。隼人に撃たれて傷を負った白鹿《はくろく》は隣の山に逃れたが、そこで片足が折れたといい、その山は片羽山《かたはやま》と呼ばれるようになった。鹿は再び千晩ヶ岳に戻り、ついに死んだ。その地は死助《しすけ》と呼ばれ、死助権現《ごんげん》として祀られているのは、この白鹿である（三二話）。

神聖なる猟師たち

鹿は猟師の獲物である一方で、各地で神の使いとして神聖視される動物であり、『遠野物語』における描写も同様である。拾遺八一話、八二話では、オシラサマのある家の者が、禁じられている鹿肉を食し、口が曲がったり発狂したりした話が述

霊獣とされた鹿

奈良公園の鹿。遠野の鹿と同じくホンドジカであり、こちらは春日大社に祀られる神の使いとされている。

べられている。

冒頭の三二話が地名の由来を語る「風土記《ふどき》」のような内容であるのに対し、六一話では、神聖な白鹿を狩ることへの畏《おそ》れが物語を貫く。

嘉兵衛という老いた猟師が六角牛山で白い鹿に遭遇した。神の化身とされる白鹿の祟りが恐かったが、臆病者《おくびょうもの》と笑われたくなかったので、嘉兵衛は、「若《も》し傷《きず》つけて殺すこと能《あた》はずば、必ず祟あるべし」と覚悟し、これを撃った。ところが、手応えがあったのに鹿は全く動かない。そこで、魔《ま》除《よ》けとして温存している黄金の弾《たま》を取り出して撃ったが、やはり動かない。近付いてよく見ると鹿に似た形の白い石であった。だが嘉兵衛は山中で数十年も暮らす自分が石と鹿を見間違うはずがなく、これは魔物《まもの》の仕業《しわざ》に違いないと語っている。

こらむ・柳田國男を巡る人々④

折口信夫

柳田國男《やなぎたくにお》の交友・師弟関係においては、親密だった間柄が険悪あるいは疎遠《そえん》になる事例が少なくなかったが、折口信夫《おりくちしのぶ》とは終生にわたり良好な関係を保った。折口は歌人、詩人としても知られるが、民俗学者としては独創的概念を次々と打ち出し、「折口学」を形成した。

柳田と折口は民俗学研究の協力者であり師弟でもあったが、合理的な実証を積み重ねる柳田と、鋭い直感と洞察《どうさつ》から対象を捉《とら》える折口は、その研究手法が全く異なっていた。しかし、折口は生涯にわたり、柳田を師として敬《うやま》う態度を変えることがなかった。

それでも、危機といえる状況はあった。二人の交流は、柳田主宰の雑誌『郷土研究《きょうどけんきゅう》』に折口が論文を発表したことから始まるが、大正四年（一九一五）には、両者が似たテーマの論文を前後して発表することがあり、後から提出された柳田の論文が、先に掲載された。それから十年後、柳田が編集する雑誌『民族《みんぞく》』に、折口が「まれびと」論考を寄稿したが、柳田はその内容を否定し、掲載を拒否した。しかし、折口は反論しなかった。後に折口は、その論考を昇華《しょうか》させた『古代研究《こだいけんきゅう》』を刊行するが、そのあとがきでは、自らを柳田の「追随者《ついずいしゃ》」であると謙遜《けんそん》している。

このように、持論や研究方法は全く異なる両者であるが、柳田は晩年、「詩人的な直観」で独自の古代研究の道を切り拓いたとして、折口を肯定的に評価している。

第四章

伝承と年中行事

安倍貞任

前九年の役で活躍した陸奥国の豪族の英雄譚

あらすじ

早池峯山《はやちねさん》に、安倍《あべ》ヶ城《がじょう》と呼ばれる岩屋《いわや》がある。険《けわ》しい崖《がけ》の中ほどにあり、容易に人が行ける場所ではないが、ここには今も安倍貞任《あべのさだとう》の母が住むといわれている。翌日から雨になりそうな夕方には、岩屋の扉を「ギギギーッ」と閉める音が聞こえて来るという。そんなとき人々は、「安倍ヶ城の錠《じょう》の音がするから、明日は雨だ」などと言い合う（六五話）。

●東北最後の抵抗勢力

安倍貞任は平安時代中期の武将である。安倍氏は陸奥国《むつのくに》を先祖代々支配してきた豪族で、朝廷《ちょうてい》の干渉《かんしょう》を受けることなく勢力を拡大していた。しかし、東北地方平定を目指す朝廷は、永承《えいしょう》六年（一〇五一）に始まった前九年《ぜんくねん》の役《えき》で、源頼義《みなもとのよりよし》、義家《よしいえ》

前九年の役・後三年の役 関連地図

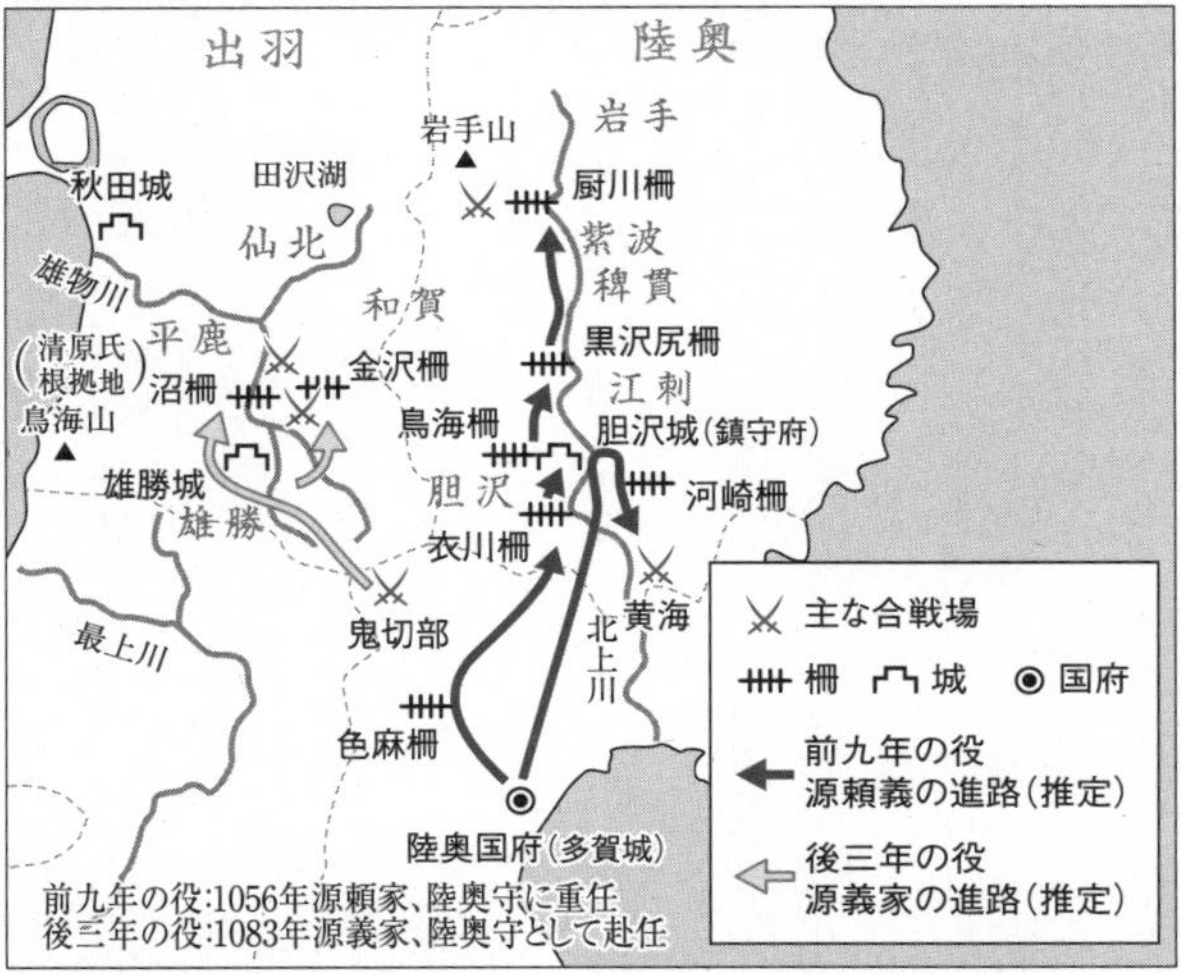
出羽
陸奥
岩手
岩手山
秋田城
田沢湖
厨川柵
仙北
紫波
稗貫
雄物川
和賀
黒沢尻柵
清原氏
根拠地
平鹿
金沢柵
江刺
沼柵
鳥海山
鳥海柵
胆沢城(鎮守府)
雄勝城
胆沢
河崎柵
雄勝
衣川柵
鬼切部
黄海
最上川
北上川
色麻柵
陸奥国府(多賀城)
主な合戦場
柵
城
国府
前九年の役
源頼義の進路(推定)
後三年の役
源義家の進路(推定)
前九年の役:1056年源頼家、陸奥守に重任
後三年の役:1083年源義家、陸奥守として赴任

東北を舞台とした安倍氏、清原氏の内紛には遠野郷も巻き込まれ、当時を偲ぶ伝説も残っている。

前九年の役・後三年の役 関連年表

1051	安倍頼時が反乱を起こすも、陸奥守源頼義に帰順する（前九年の役の始まり）。
1053	源頼義、鎮守府将軍となる。
1054	安倍貞任、源頼義の営所を襲撃する。
1056	安倍頼時、再び背《そむ》く。この年、源頼義が陸奥守に重任。
1062	源頼義、出羽の豪族清原武則の援兵を得て、安倍氏を滅ぼす。
1083	陸奥守源義家が着任し、清原氏の内紛に介入する（後三年の役の始まり）。
1087	源義家らが清原家衡らを破り、後三年の役が終結する。

らを安倍氏討伐に派遣した。

安倍氏は戦いを有利に進めていたが、武人として名高い頼義が大赦《たいしゃ》によって反逆の罪を赦《ゆる》され、陸奥守《むつのかみ》となったことから、天喜《てんぎ》四年（一〇五六）、当時の安倍氏当主で貞任の父である頼時《よりとき》は、恭順《きょうじゅん》の意を示した。

ところが同年、権守《ごんのかみ》であった藤原説貞《ふじわらのときさだ》の子、光貞《みつさだ》、元貞《もとさだ》の人馬が殺傷される事件が起こる。婚姻の申し出を拒否されていた貞任に嫌疑《けんぎ》がかけられたことから、頼時は再び反旗《はんき》を翻《ひるがえ》した。

翌年、頼時は戦死したものの、息子の貞任が当主を継いで戦い、黄海《きのみ》の戦いでは頼義軍を破った。

しかし、康平《こうへい》五年（一〇六二）、出羽国《でわのくに》の俘囚《ふしゅう》（朝廷の支配下となった元蝦夷《えみし》）である清原《きよはら》氏の参戦で戦況は頼義側に傾き、同年、貞任は厨川柵《くりやがわのさく》の戦いで敗れ、討たれた。

各地に残る貞任伝説

貞任は、東北地方最後の抵抗勢力として朝廷と戦い敗れたが、後に鎌倉幕府を設立する河内源氏《かわちげんじ》を悩ませた武勇は人々に強い印象を与え、逞《たくま》しい武将像が膨らんでいく。

『陸奥話記《むつわき》』によれば、貞任の背丈は六尺《しゃく》（約一八二センチ）、当時としては群を抜く大男であるが、時代が下るとさらに誇張され、九尺五寸《すん》（約二八八センチ）とまで記された。

貞任高原のミズバショウ

遠野の北東にあたる国有林の湿地に咲くミズバショウ。4月中旬〜下旬が見頃。
（写真提供：遠野市観光協会）

遠野《とおの》の地には貞任の末裔《まつえい》の家があり、貞任にまつわる伝説が多く残るなど、貞任は郷土の英雄的人物と見なされていた。

とくに、早池峯山は貞任と由縁《ゆえん》が深く、冒頭の話に出てくる安倍ヶ城以外にも、安倍屋敷という岩穴があるほか、貞任と戦った八幡太郎《はちまんたろう》（源義家）の家来が討死したのを埋めた塚《つか》も三つほ

安倍屋敷跡

阿部(安倍)屋敷跡
「遠野物語第六八話」に「安倍氏という家ありて貞任の末なりという　昔は栄えたる家なり今も屋敷の周囲には堀ありて水を廻す。刀剣馬具あまたあり」と記されている。天喜　康平（一〇五三ー一〇六四年）の頃安倍氏の一族がこの地に移り附近を従えたといわれており　当時の的場の跡　堀の跡などの遺構が残っている。その北方には八幡太郎義家の陣地の跡も望まれる。屋敷跡の東北にある稲荷社は約四〇〇年前に安倍氏に養子となった人が甲州（山梨県）より勧請して氏神としたもので近郷でも最古の社といわれ、旧暦二月十五日の祭例日には「ダンビラケー」が近隣の山伏を一堂に集めて行なわれ、そこで湯立ちの儀式を行ない巫女が笹を振りながら巫女舞を舞ったといわれるが、今は行なわれていない。近くにカッパ渕がある。
遠野市

安倍氏は陸奥で大きな勢力を誇った一族。遠野市土淵町土淵にある平城がその屋敷跡と伝えられている。（写真提供：遠野市観光協会）

どあるという（六六話）。

貞任に関する伝説はこのほかにも多くあり、土淵《つちぶち》村と栗橋《くりはし》村の境にある広く平らな土地は貞任高原と呼ばれ、貞任が馬を休ませた沼があったとも、貞任が陣屋《じんや》を構えたともいわれている。

さらに、遠野以北にも安倍氏ゆかりの地は多く、矢を入れて携帯する筒《つつ》を安倍一族が捨てたとされる「矢捨山《やすてやま》」、逃げ延びた安倍氏を祀《まつ》ったという「安倍八幡」、手《て》負《お》いの貞任の着物を洗った「赤《あか》川《がわ》」、その血で染まった「血《ち》散《ち》りが浜《はま》」などが知られる。

第四章
伝承と
年中行事

似田貝村と足洗川村

源義家ゆかりの二つの地名

あらすじ

土淵村にある安倍貞任の末裔《まつえい》と伝わる家（安倍館《あべのたて》）の北、小烏瀬川《こがらせがわ》の川べりにある「八幡沢《はちまんざわ》の館《やかた》」と呼ばれる遺跡は、八幡太郎の陣屋であったという。ここから遠野へ向かう途中には八幡山という小高い丘があり、そこに、小烏瀬川を挟んで八幡沢の館と向かい合うようにある遺跡（五日市館《いつかいちだて》）は、貞任の陣屋であったと伝わる。また、似田貝《にたかい》という村があるが、かつてここに、大量の粥《かゆ》が撒《ま》かれているのを見て、八幡太郎が「これは煮た粥か」と尋ねたのが地名の由来という。近くを流れる鳴川《なるかわ》では八幡太郎が足を洗ったとされ、それで、川向こうの村は足洗《あしら》川《が》村と名付けられたという（六八話）。

●粥で敵の進軍を妨げる

八幡太郎こと源義家は武略《ぶりゃく》神通《じんつう》の人ともいわれ、全国各地の八幡神社をはじめ、各地に伝承の多い人物である。

陸奥で清原氏一族の争いを鎮定した後三年《ごさんねん》の役《えき》では、朝廷から賞を得られなかったのにも関わらず、随従した武士に私財を恩賞として与え、関東の武士間において天下第一の武人として名声を得た。

また『古今著聞集《ここんちょもんじゅう》』には、安倍貞任との戦《いくさ》の最中、詩を詠《よ》んだところ、貞任が返歌《へんか》で応じ、その教養の高さに感じ入った義家が矢を収めたという逸話《いつわ》も残る。

似田貝村の地名の由来については、『土淵村郷土教育資料』にも同様の伝承が見られる。

それによれば、安倍氏討伐を目指す義家がこの地に至ると、路上や野の一面に粥が撒かれていて、これが兵の前進を妨げたという。

「戦の当時此《この》あたりは蘆《あし》しげりて土固まらず、ユキユキと動揺せり」（六八話）とあるように、もともと歩きにくい場所であったようだ。

この地名について柳田は、「ニタカヒはアイヌ語のニタトすなわち湿地より出しなるべし。地形よく合えり」と追記している。

源義家

菊池容斎『前賢故実』より。源義家は源頼義の長男として生まれ、陸奥守だった永保３年（1083）、清原氏の内紛に乗じて後三年の役を起こした。

土淵村の源義家 関連遺跡

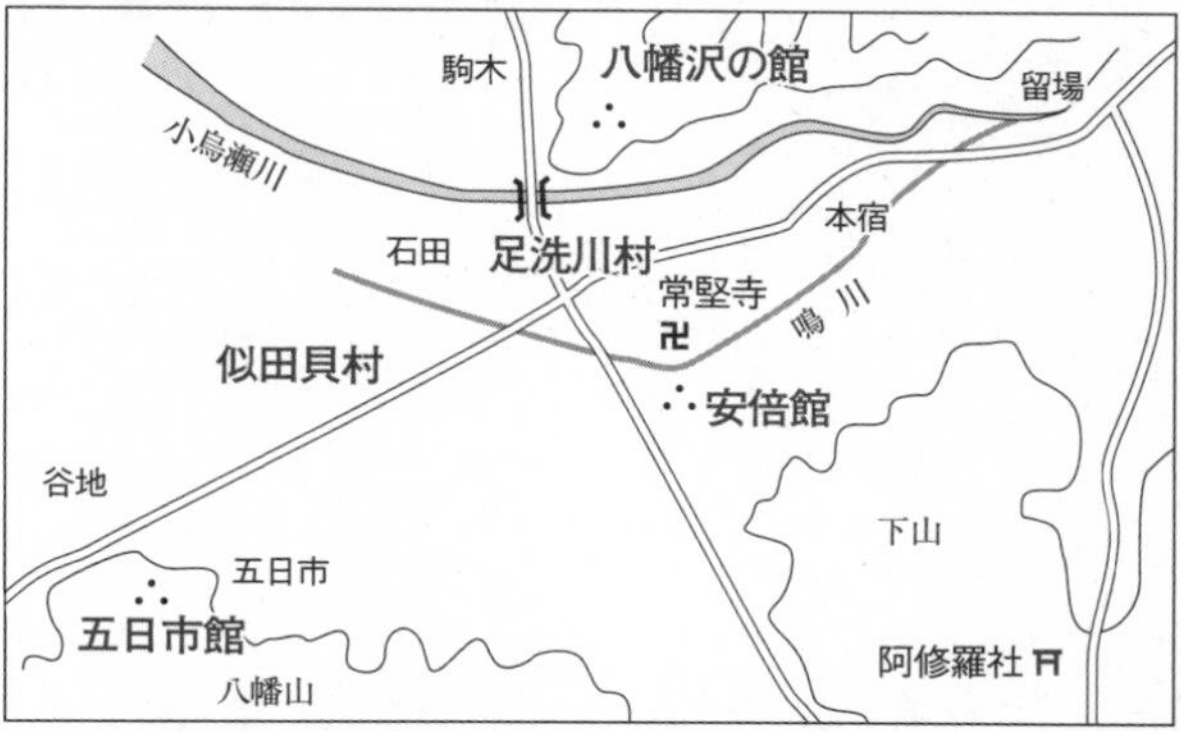

遠野には安倍氏の館が伝わる一方で、前九年の役を鎮圧した源義家ゆかりの地名もいくつか伝わっている。

池ノ端の石臼

黄金を生み出す石臼と埋蔵金伝説

あらすじ

池ノ端《いけのはた》家の先代の主人が、閉伊《へい》川の原台《はらだい》の淵《ふち》あたりで、若い女から一通の手紙を渡された。物見山《ものみやま》の中腹にある沼に届けて欲しいという。途中で一人の六部《ろくぶ》（巡礼者）に出会うと、六部は、「このまま持っていくと、あなたの身に災難が降りかかる」と言って、文面を書き換えた。手紙を渡した主人は、お礼として小さな石臼《いしうす》をもらった。この石臼は、米を一粒入れて回せば黄金に変わるという不思議な宝物で、これにより、主人の家は裕福になった。ところが、欲深い妻が一度にたくさんの米を入れたところ、石臼は勝手に回りだし、やがて、水溜《みずた》まりの中に消えた（二七話）。

●類似の伝説が世界各地に残る「沼神の手紙」

池ノ端の石臼

『遠野物語』23 話では、物見山で授かった黄金の出る石臼にまつわる伝説が語られる。遠野においてこの伝説は、南部氏以前の支配者である阿曽沼氏の埋蔵金を池ノ端の主人が発見したことを石臼に置き換えて伝えたともいわれている。

池ノ端の主人は、原台の淵を通りかかった際、若い女から手紙を預かり、物見山にて女性から小さな石臼をもらう。
遠野郷八幡宮
とおの
鍋倉城趾
十王堂
あおざさ
程洞のコンセサマ
物見山
いわてかみごう

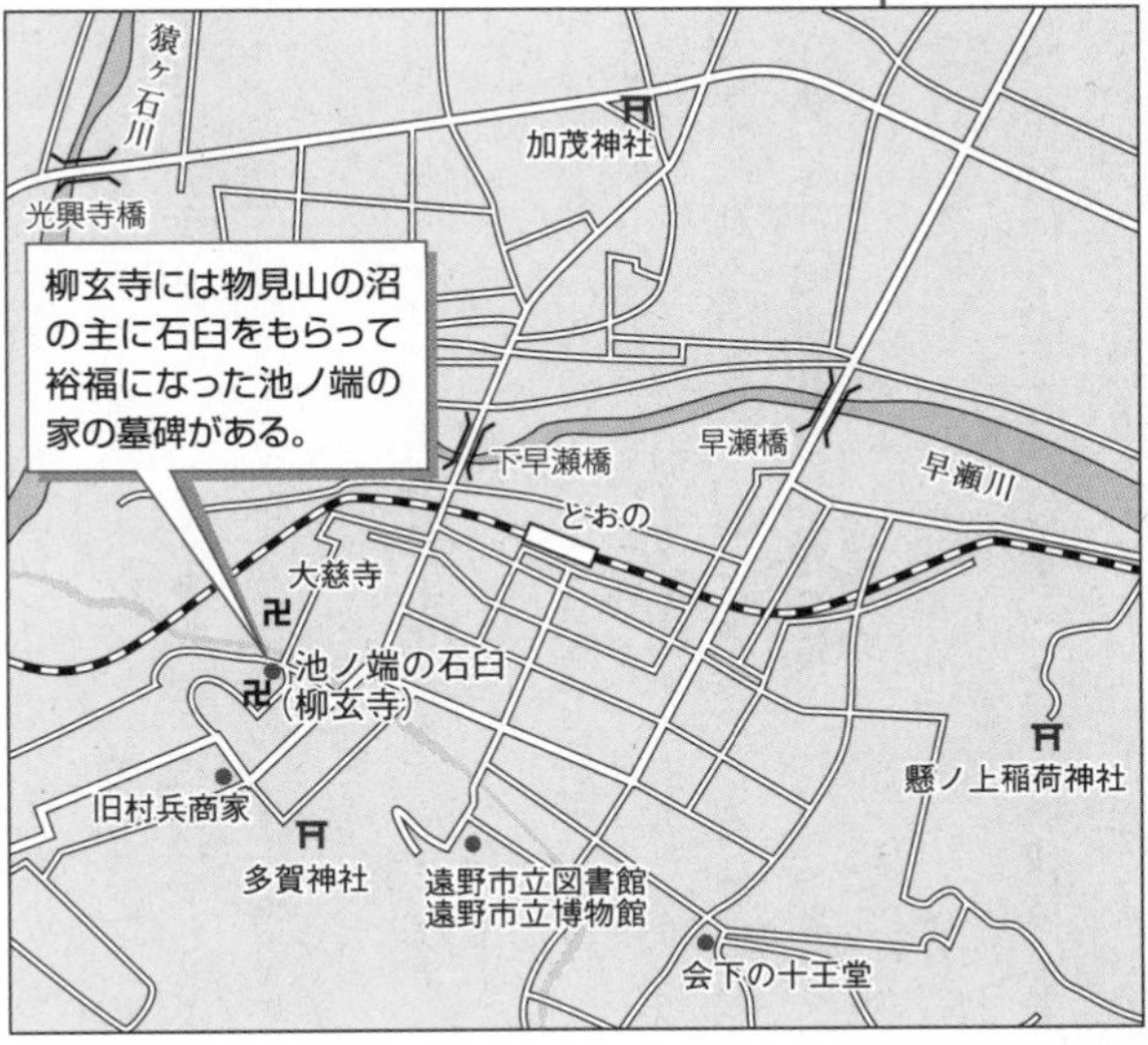
猿ヶ石川
加茂神社
光興寺橋
柳玄寺には物見山の沼の主に石臼をもらって裕福になった池ノ端の家の墓碑がある。
下早瀬橋
早瀬橋
早瀬川
とおの
大慈寺
池ノ端の石臼（柳玄寺）
懸ノ上稲荷神社
旧村兵商家
多賀神社
遠野市立図書館
遠野市立博物館
会下の十王堂

右の話は、「沼神《ぬまがみ》の手紙」「水の神の文使い」などと呼ばれる昔話の類型である。沼の近くで男が美女から手紙を託されるが、「この男を喰え」という文面を「この男に財宝を与えよ」と書き換えることで難を逃れるという筋書きだ。地域により多少の相違があり、もらう宝物が異なったり、手紙を書き換えずにそのまま宝物をもらう話もある。

中国では五世紀頃の『捜神記《そうじんき》』に見られる話で、日本では東北地方に伝承が多く残る。

柳田は、「此《この》話に似たる物語西洋にもあり、偶合《ぐうごう》にや」(二七話)と記している。イギリスには黄金の卵を産む臼の話があり、託された手紙に「これを持参した者を殺すように」と記されていたのを、途中で別の者が違う内容に書き換えることで難を逃れる筋書きの話は、「ウリヤの手紙」として世界的に分布する。

●石臼から黄金が出る話

池端《いけはた》家は今も遠野にあり、この話を先祖の伝説として信奉《しんぽう》している。「朝毎に主人が此石臼に供へたりし水の、小さき窪《くぼ》みの中に溜《たま》りてありし」(二七話)というように、主人は石臼を大切に祀っていたと見られるが、石臼が消えた水溜まりがあったとされる屋敷内の一角には石臼神社が現存し、同家の墓石には石臼を抱いた人物が彫ってある。

遠野に「沼神の手紙」の伝承が存在する背景には、水辺に神が住まうとする水神信仰のほかにも、要因が考えられる。

岩手県内の主な金山

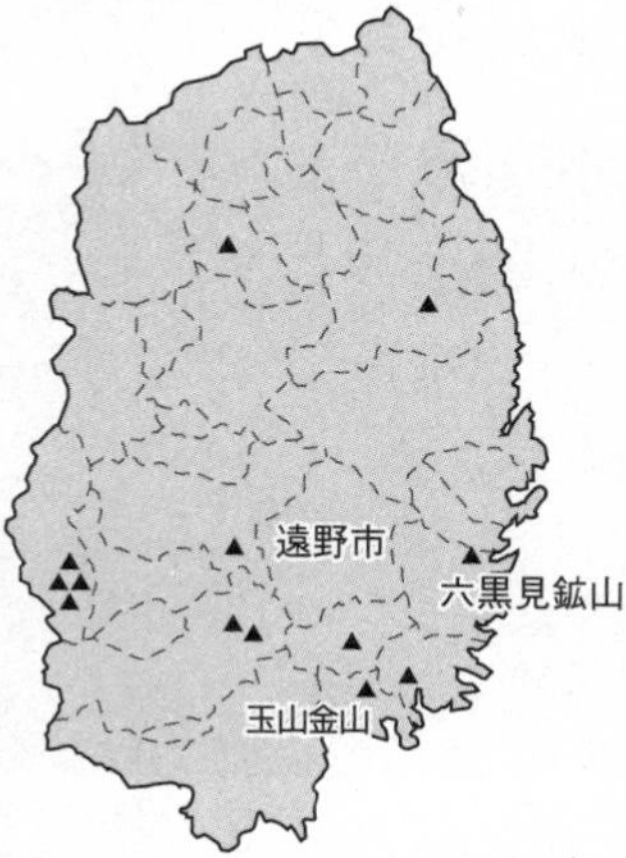

現在閉鎖されているものも含め、多くの金山が岩手県南部に集中している。阿曽沼氏の豊富な資金源には、こうした金山に由来するものもあった。

石臼から黄金が出てくるという話は金の産出地に多く分布し、遠野でも、近代まで金を産出していた。

さらに、遠野に伝わる埋蔵金伝説とも関連付けることができる。鎌倉幕府より遠野を与えられ、関ヶ原の戦いでこの地を追われた阿曽沼《あそぬま》氏に関わる話である。

物見山

戦国時代末期、戦に敗れた阿曽沼氏はこの山に軍資金を隠したとされ、それが石臼の伝説になったともいわれる。
(写真提供：岩手南部森林管理署遠野支署)

慶長《けいちょう》五年（一六〇〇）、最上《もがみ》への出陣中に領内で起きた反乱により、敗れた阿曽沼氏は遠野の地を追われた。

その際、領主である阿曽沼広長《ひろなが》の妻が、物見山に軍資金《ぐんしきん》を隠したと伝わっている。

冒頭の話に登場する主人は、この伝説をもとに探索を始めて埋蔵《まいぞう》金《きん》を発見し、裕福になったとの推測がある。

埋蔵金を見つけたとなると取り上げられてしまう恐れがあったので、石臼の伝説に置き換えられたというのだ。

第四章
伝承と
年中行事

小正月の諸行事

「福の神」と称して子供たちが家々を巡る

あらすじ

正月十五日の晩を小正月《こしょうがつ》という。子供たちは「福の神」と称して四、五人の集団を作り、家々を訪ねては餅《もち》などをもらう。しかし夜中になると、山の神が里に出て遊ぶとされるため、子供はもちろん、大人も家の外に出ない。おまさという女が十二、三歳の頃、「福の神」からの帰りが遅くなり、長身、赤ら顔で眼の光る山の神とすれ違った。逃げ帰った後も、しばらくは恐ろしかったという（一〇二話）。

●大人も子供も楽しんだ小正月

日本では明治五年（一八七二）に新暦（太陽暦）が採用されたが、遠野では、終戦直後まで、公的な行事は新暦、それ以外の年中行事は旧暦（太陰暦）を基準に行小正月の行事「お作立」

小正月の行事のひとつ「お作立」。（写真提供：遠野市観光協会）

なうという使い分けがされていた。

小正月には行事が盛りだくさんで、女性や子供にとって、貴重な娯楽のひとときでもある。この日は子供も夜更《よふ》かしが許され、大人たちに昔話をせがんだという。

『遠野物語』でも、小正月のさまざまな行事が紹介されている。「福の神」は、大黒《だいこく》様の絵を刷った半《はん》紙《し》を持って男児が家々を訪れ、「明の方から福の神が舞い込んだ」（一〇二話）と唱《とな》える。家の者は、半紙を受け取る代わりに餅や菓子、小銭などを渡す。

拾遺《しゅうい》二八七話で紹介されてい

遠野における小正月の行事

福の神	15日の晩に子供たちが4、5人で家々を回り、餅をもらう習慣。しかし、宵が過ぎるまでの時間に限られ、以降は山の神が遊ぶ時間なので外に出てはいけないとされる（102話）。
月見	胡桃《くるみ》を使ってその年の天候を占う行事で、各家で行なわれる。翌日に結果を持ち寄って皆で語り合い、その年の農業の方針を決める（104話）。
世中見《よなかみ》	小正月の晩に行なわれる行事で、数種の米で餅をつき、鏡餅にする。そして、鏡餅と同じ種類の米粒を膳の上に敷いて鏡餅を伏せ、さらに鍋をかぶせて一晩置き、翌朝、餅に付いた米粒の数で年の豊凶を占う（105話）。
オシラ神祭	16日に行なわれる、オシラサマを遊ばせる行事。新しい衣に着替えさせ、白粉を頭に塗り、壇の上に飾る（79話）。
カセギドリ	家ごとに1人ずつ若者を出し、3～4人が1組となって藁《わら》で作った腰当てと被《かぶ》り物《もの》を着け、各家を回って餅をもらう行事。よその村からの若者には桶から水がかけられたという。若者たちは組を作ってほかの村へ打って出、豪家に押しかけて餅の争奪戦を繰り広げる（拾遺287話）。
鴉《からす》呼ばり	小正月の宵に子供たちが小さく切った餅を入れた枡《ます》を持ち、鴉を呼び寄せる行事（拾遺280話）。
鳥追い	正月16日の未明に歌を歌いながら家々の周囲を板を叩いて3度回ったり、木で膳の裏などを叩いて回ったりする（拾遺289話）。

1月 15 日の小正月、遠野ではさまざまな行事が行なわれる。

る「カセギドリ」は、若者らがよその集落に出かけて鶏《にわとり》の真似《まね》をして、祝いの餅をもらうという行事であるが、訪問先の集落の若者たちと激しい争いになるのが常で、怪我人も出たことから禁令が出され、一部の地域にのみ残っている。

●農作業の計画を決める占い

小正月の行事には、農作に関する占いが多く見られる。

「月見《つきみ》」は、各月の満月の日の天気を占うもので、六個の胡桃《くるみ》の実を半分に割って十二個にし、同時に炉《ろ》で焼いてから引き上げ、一列に並べて正月二月と数えていく。胡桃が赤く焼けた状態が長続きする月は晴れで、すぐに黒くなる月は曇り、フーフーと音を立てて燃え続ける月は強風になるとされる。

人々は翌日、各家での結果を持ち寄り、「例へば八月の十五夜風とあらば、その歳の稲の苅入《かりいれ》を急ぐなり」(一〇四話)といった取り決めをする。面白いことに、何度繰り返しても、村中どこの家でも、同じ結果となったという。

こうした行事は娯楽の要素を含む一方で、一年の仕事の計画を決める重要な意味も持ち、行事の開始が遅れると年間を通して仕事が遅れるとされた。

第四章
伝承と
年中行事

雨風祭

藁人形を作り、台風の被害が少ないことを祈る盆の行事

あらすじ

盆《ぼん》の頃には雨風祭《あめかぜまつり》が行なわれる。人間よりも大きな人形を藁《わら》で作り、顔を描いたり、瓜《うり》で男女の性器を付けたりする。虫祭《むしまつり》でも藁人形を作るが、これほど大きくはない。雨風祭を執《と》り行なう際には、集落から神事を務める頭屋《とうや》が選ばれ、その家に村人たちが集まってくる。皆で酒を飲んだ後、一同は笛や太鼓で囃《はや》し立てながら、藁人形をかついで村境まで運ぶ。このとき、人々は「二百十日の雨風まつるよ、どちの方さ祭る、北の方さ祭る」と、雨や風を鎮《しず》める歌を歌う（一〇九話）。

台風被害の少ないことを祈願

田植えが始まる立春《りっしゅん》から数えて二百十日にあたるのは九月初頭で、台風が来る

時期である。

雨風祭は、台風の威力を鎮め、雨風の被害が少ないことを祈る行事である。ただし、九月初頭の遠野は萩刈《はぎが》りの時期と重なるため、時期を盆過ぎに早めて行なわれた。

この行事には、男女一対の藁人形が欠かせない。顔や体を形作るだけでなく、さまざまな道具を持たせた人形を作ることもある。

さらに、「祈豊年万作二百十日雨風祀《きほうねんまんさくにひゃくとうかあめかぜまつり》」などと書いた旗も、藁人形と一緒に村境に立てた。

現在ではこの行事はほとんど行なわれなくなったが、柳田は、明治四十二年（一九〇九）八月下旬に遠野を訪れた際、村境に藁人形が捨てられているのを見かけ、それはまるで、疲れた人が仰向けに寝転んで休んでいるような様子であったと、『遠野物語』の序文で記している。

藁人形を使う伝統行事としては、虫祭《むしまつり》もある。農作物に付く害虫を駆逐《くちく》し、豊作を祈願《きがん》するもので、虫追い祭、虫送りなどとも呼ばれ、現在も初夏に日本各地で行なわれている。

春風祭

雨風祭と同様に災害から農作物を守るために行なわれる春風祭。旧暦2月に行なわれ、村境に藁人形が立てられる。（写真提供：遠野市観光協会）

虫祭の藁人形

疫病や害虫を駆逐するために藁人形を厄除けの道具として用いる習俗は、各地に見られる。（写真提供：遠野市観光協会）

こらむ・柳田國男を巡る人々⑤

金田一京助

アイヌ語研究者、言語学者、あるいは石川啄木《いしかわたくぼく》の親友として知られる金田一京助《きんだいちきょうすけ》が世に出るきっかけを作ったのは、柳田國男《やなぎたくにお》である。明治四十四年（一九一一）、法制局参事官と内閣書記官室記録課長を兼任していた柳田は、内閣文庫にある蝦夷《えぞ》関係の書籍を整理するため、アイヌ語ができる人材を探しており、七歳年下の金田一を紹介された。

柳田は、金田一が内閣文庫に自由に出入りできるよう手配し、さらに、北海道庁から手当を支給させた。駆け出しの研究者であった金田一にとって、政府所蔵の貴重なアイヌ語書籍に接したことは得がたい経験となり、その後の飛躍のきっかけになった。

その後も柳田は、影のパトロンとして金田一の研究を支え、大正三年（一九一四）には、アイヌ語に関する金田一の初の著書である『北蝦夷古謡遺篇《きたえぞこよういへん》』の出版をプロデュースした。

昭和六年（一九三一）刊行の『アイヌ叙事詩《じょじし》ユーカラの研究』は、元は学士論文として外国語で書かれ、学位審査を受ける前に震災で焼失していた。それを知った柳田は、出版社に橋渡しをして、改めて日本語で書き直すことを勧めた。この本は学士院恩賜賞《おんししょう》を受賞し、金田一の学問的名声は一気に高まった。

金田一は、こうした柳田の支援を大いに感謝して、自分は柳田の「子飼いの弟子」であると自称し、『アイヌの研究』では「柳田國男先生に捧ぐ」と献辞《けんじ》を入れている。

終章 柳田國男の生涯

終章
柳田國男の生涯

生い立ち

「日本一小さな家」で育ち、十代で親元を離れる

●「日本一小さな家」と家族の悲劇

柳《やなぎ》田《た》國《くに》男《お》は、明治八年（一八七五）、兵庫県神東郡《じんとう》（現・神崎郡《かんざき》福崎町《ふくさき》）に、国《こく》学者《がくしゃ》で医師、後には神官《しんかん》も務めた松岡操《まつおかみさお》（賢次）の子として生まれた。兄に歌人の井上通泰《いのうえみちやす》、弟に言語学者の松岡静雄《しずお》、日本画家の松岡映丘《えいきゅう》がいる。

松岡家は代々医者や漢学者《かんがくしゃ》を出すような家柄であったが、父の操は、学問には優れていたものの世渡りが下手で、一家の経済は苦しかった。この家には、三畳二間と四畳半二間に國男の両親と兄弟たち、長兄夫婦が暮らし、柳田曰《いわ》く「日本一小さな家」だったという。

世渡りの下手な戸主を支えて一家を切り盛りしたのは、母のたけである。たけは並外れた暗記力を持ち、言葉遣いなど躾《しつけ》に厳しく、ときどきヒステリーを起こしたりもしたが、柳田は、この母親から負けん気の強さや潔癖《けっぺき》さを受け継いだとしてい

柳田國男

明治8年(1875)、兵庫県に生まれ、東京帝国大学卒業後、農政官僚の道を歩むなかで民俗学に興味を持ち、戦中・戦後も研究生活を続け、民俗学の基礎を築いた。写真は大正6年(1917) 3月に台湾・朝鮮旅行を控えて子供たちとともに撮影したもの。

(写真提供：遠野市立博物館)

松岡家 系図

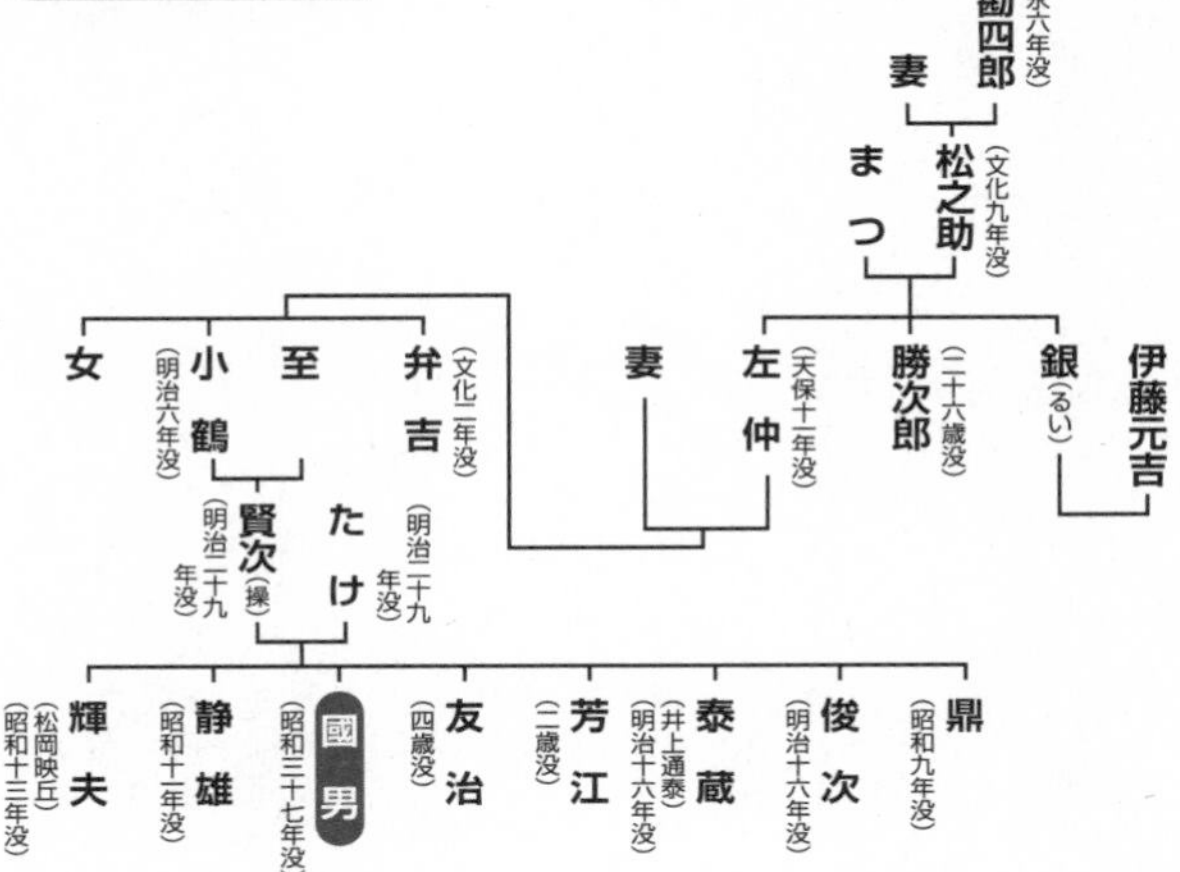

松岡勘四郎(安永六年没)
妻
松之助(文化九年没)
まつ
伊藤元吉
銀(るい)
勝次郎(二十六歳没)
左仲(天保十一年没)
妻
弁吉(文化二年没)
至
小鶴(明治六年没)
女
たけ(明治二十九年没)
賢次(操)(明治二十九年没)
鼎(昭和九年没)
俊次(明治十六年没)
泰蔵(井上通泰)(明治十六年没)
芳江(二歳没)
友治(四歳没)
國男(昭和三十七年没)
静雄(昭和十一年没)
輝夫(松岡映丘)(昭和十三年没)

る。

國男は父母から学問的気質を受け継ぎ、早熟で利発《りはつ》な子供として成長したが、一家の困窮《こんきゅう》が家族に不幸をもたらした。長兄である鼎《かなえ》の妻が姑《しゅうとめ》との不和《ふわ》から実家へ逃げ、再婚した妻も同じ理由から入水《じゅすい》自殺するに至り、鼎は酒に溺《おぼ》れるようになった。

晩年に柳田は、一家の悲劇の原因は小さ過ぎた家にあり、民俗学《みんぞくがく》への志《こころざし》もそこに源を発したと述懐《じゅっかい》している。

國男が十歳の頃、一家は母の生地である北条町《ほうじょう》（現・加西市《かさい》）に転居する。父の操が一時期は座敷牢《ざしきろう》に入れられるほど精神的に不安定な状態にあり、一家の生計を立てることが難しかったからと見られる。同地の高等小学校を卒業した國男は、その後一年間、辻川《つじかわ》の素封家《そほうか》である三木《みき》家に預けられた。ここで國男は飢饉《ききん》を体験し、農民の生活の厳しさを知る一方、三木家の蔵書を耽読《たんどく》したことで雑学の基礎を育むことになった。

その後の國男は虚弱体質もあり、しばらく学校に通わず、十三歳のとき、茨城県布川《ふかわ》町で医院を開業した鼎のもとに身を寄せた。

生家の見取り図

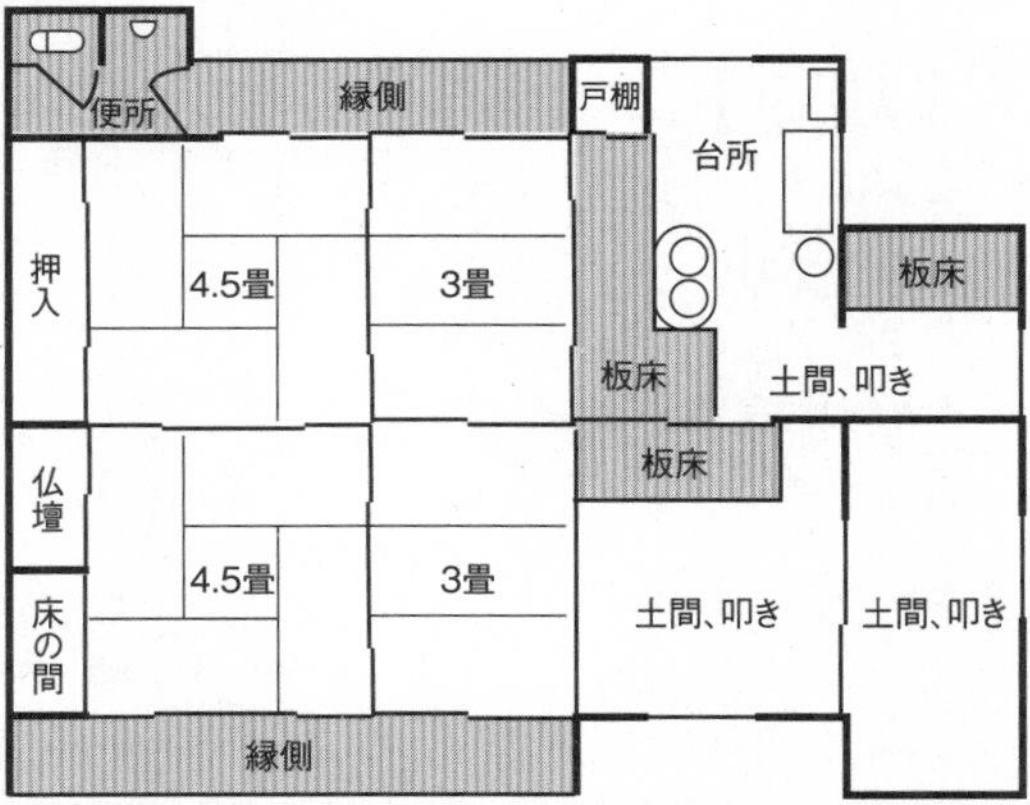

後年、兄の離婚の原因を語る際に「日本一小さい家」と称した生家。
※出典：『柳田国男展』図録（大阪市立博物館）

國男を野育《のそだ》てしようという理由で預けられたようだが、当時の松岡家の経済状態も影響していただろう。

親元を離れた茨城での生活

初めて親元、さらに郷里の兵庫県からも遠く離れた國男にとって、布川での生活は何もかも新鮮であったようだ。

國男は学校に通わず、外で遊び回り、鼎の家主である小川家の蔵書を耽読して過ごす一方、三兄の通泰が発刊に協力していた森鷗外《もりおうがい》の文芸雑誌『しがらみ草紙《ぞうし》』に投

子供時代の引越し歴

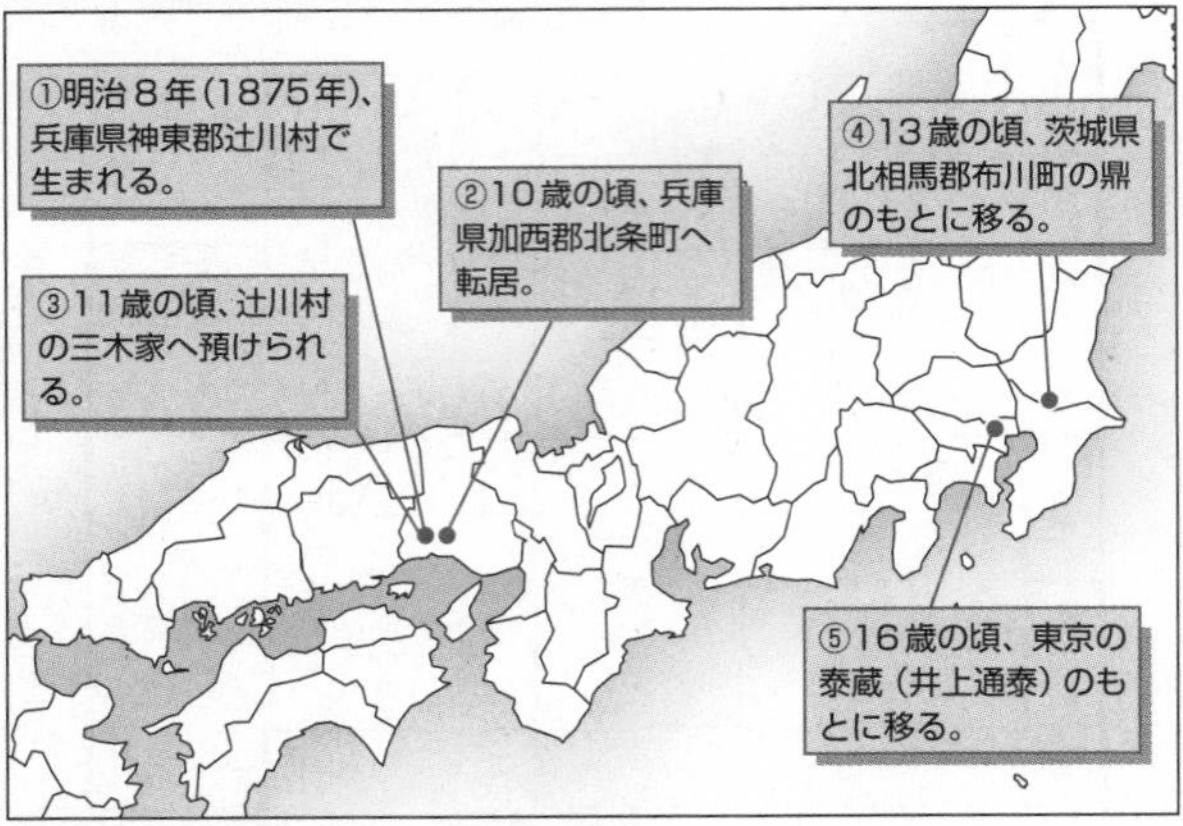
①明治８年(1875年)、兵庫県神東郡辻川村で生まれる。
②10歳の頃、兵庫県加西郡北条町へ転居。
③11歳の頃、辻川村の三木家へ預けられる。
④13歳の頃、茨城県北相馬郡布川町の鼎のもとに移る。
⑤16歳の頃、東京の泰蔵（井上通泰）のもとに移る。

子供時代の柳田國男は、家の経済状態が厳しかったこともあり、知人や独立した兄のもとへたびたび移り住んだ。

稿するなど、文学に対する興味も芽生えた。

　ここでの二年間は、後に農政学、民俗学を志す素地を育《はぐく》んだ。西日本と東日本の生活文化の違いを実感し、「間引《まび》き」を描いた絵馬《えま》を見て衝撃を受けてもいる。北条町での飢饉体験と合わせ、農村の困窮にまつわる強烈な印象が記憶に刻まれることになった。

　十五歳の頃、両親と弟たちも布川へ身を寄せて来た。翌年に國男は、井上家の養子になり東京で眼科を開業していた通泰のもとへ移った。

終章
柳田國男の生涯

学生時代

田山花袋、島崎藤村、正岡子規らとの交流と両親の死

東京で文学を志す

十六歳で東京の御徒町《おかちまち》に移った柳田は、兄たちの援助で進学できることになった。上京後は、高校進学の資格を得るために都内の私立中学を転々とし、明治二十六年（一八九三）、十九歳のとき、旧制第一高等学校に合格し、寄宿舎に入った。

上京してから一高時代にかけて、柳田は文学への志を高める。小川家や三木家で蔵書を読み漁《あさ》ったことでさまざまな文学に親しんでいたが、世界文学の知識には乏しかった。しかし上京後、兄の通泰を通じて森鷗外の知己《ちき》を得、鷗外の影響でヨーロッパ文学への世界にも目を開かされた。

また、生涯の友人となる文学仲間との交友も、多くはこの時期に始まっている。上京後まもなく、松浦萩坪《まつうらしゅうへい》（辰男《たつお》）の歌塾に入門し、田山花袋《たやまかたい》らと知り合い、紅葉会を結成した。その一方、雑誌『文学界《ぶんがくかい》』で新体詩《しんたいし》を発表し、島崎藤村《しまざきとうそん》、上田敏《うえだびん》、

国木田独歩《くにきだどっぽ》らと出会った。

　二十二歳のときには、独歩、花袋らと新体詩集『抒情詩《じょじょうし》』を刊行し、翌年には独歩、花袋、正岡子規《まさおかしき》らと詩集『山高水長《さんこうすいちょう》』を刊行した。

　これらの交流は、その後、文学談話の竜土会《りゅうどかい》、劇作家イプセンを語るイプセン会へと発展した。

森鷗外

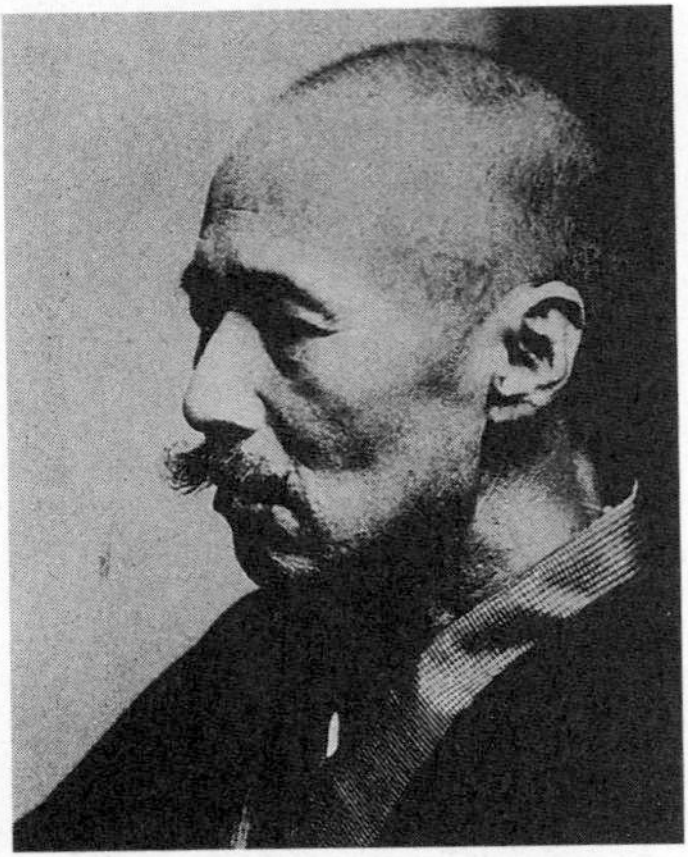

『舞姫』『ヰタセクスアリス』などで知られる文豪。柳田は鷗外のもとに出入りして田山花袋、島崎藤村らと交流を持ち、外国文学に関する知識も得た。

●両親の死が人生観を変える

　一高に在学中、柳田に大きな転機が訪れた。両親が相次いで他界《たかい》したのである。この両親の死と、いね子という初恋の女性の死は、柳田に大きな衝撃を与えたらしく、自身も重い腸チフスにかかるなど深刻な病気にかかっている。

学生時代の柳田國男を巡る相関図

高校時代、文学にのめり込んだ柳田は、雑誌『文学界』や松岡萩坪の歌塾で出会った田山花袋などを通じて、多くの文学者と交流を持つに至る。

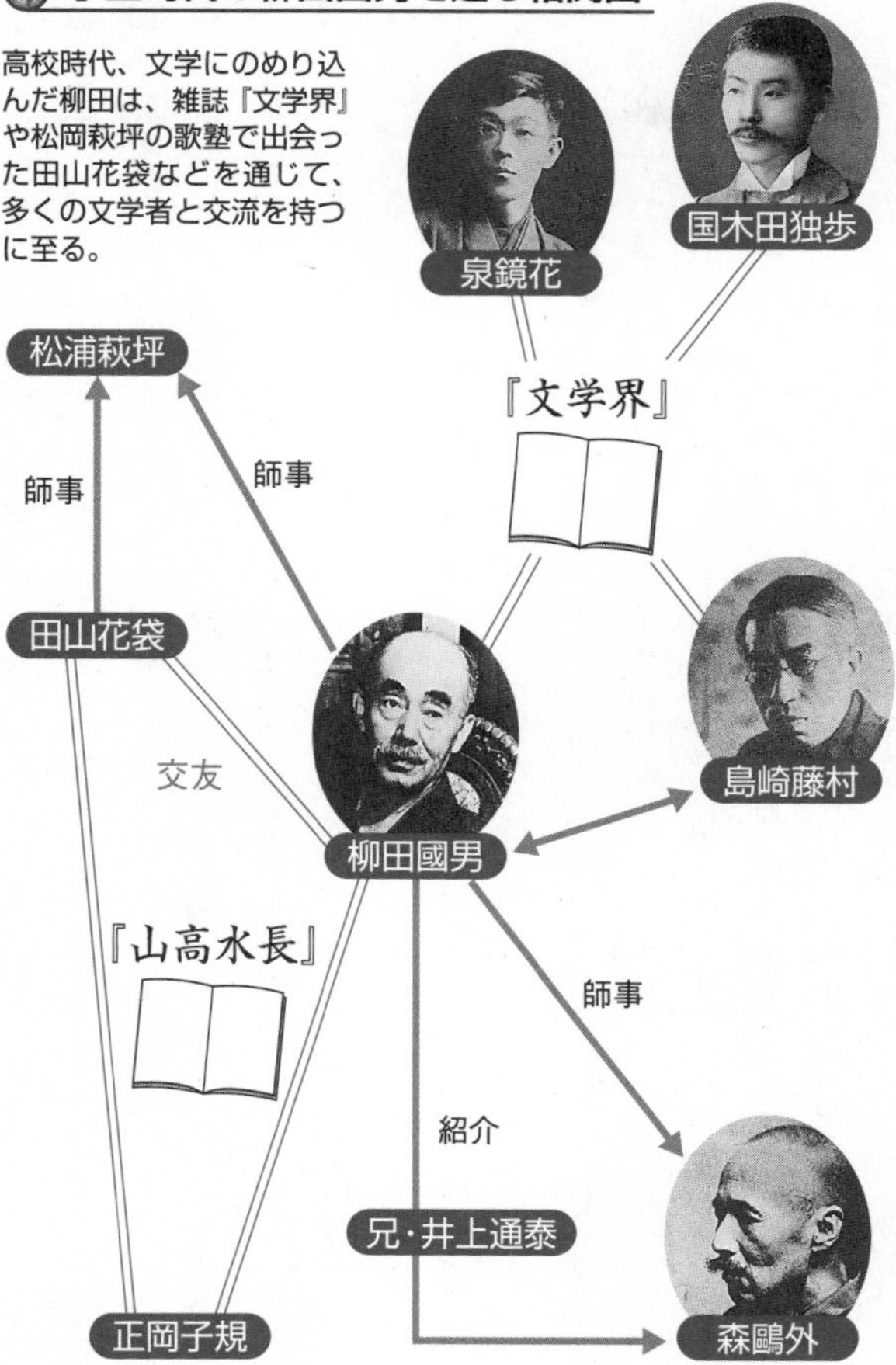
泉鏡花
国木田独歩
松浦萩坪
『文学界』
師事
師事
田山花袋
交友
島崎藤村
柳田國男
『山高水長』
師事
紹介
兄・井上通泰
正岡子規
森鷗外

このような状況で、柳田は人生の現実的な選択と向き合うようになった。

後に柳田は、この頃の心境について、「何もする気がなくなり、林業でもやって山に入ろうかとロマンチックなことを思い描くようになったが、林業はそのころ一番難しい実際科学だったので、自分には不向きで農学をやることにした。両親も亡くなったので田舎に住んでもかまわないという心積もりだった」と述懐している。

経済的に貧窮していた家に生まれ育った柳田は、自身の手で一家を再興することを志していたといわれる。

しかし、両親が亡くなったことで立身出世からは身を置き、社会のための学問や仕事に身を投じる生き方を意識するようになったと見られる。

柳田が詩作をやめたのもこの頃で、以後、柳田にとって文学は、自ら創作するものではなく、たまに鑑賞して楽しむ程度のものとなった。

明治三十年（一八九七）、柳田は東京帝国大学法科大学政治科に入学する。大学では、海外留学から帰って間もない松崎蔵之助《まつざきくらのすけ》に師事し、農政学を学んだ。

明治三十三年（一九〇〇）、大学を卒業した柳田は、農務省農務局農政課に就職する。こうして、官僚としての社会人生活が始まった。

終章
柳田國男の生涯

官僚時代・前期

独自の農業政策と『山の人生』

独自の農政論を主張

大学を卒業し農商務省に入った柳田は、官僚としての道を歩み始める。入省後は全国を講演や視察で回るとともに、早稲田《わせだ》大学や専修《せんしゅう》大学などで農政学の講義を行なったりもした。

入省したての二十代の若者に対するこのような処遇からは、当時の高級官僚が飛び抜けたエリートだったことがうかがえる。

また、入省後まもなく、大審院判事《だいしんいんはんじ》である柳田直平《やなぎたなおひら》の養嗣子《ようしし》になることが決まり、翌年に入籍、松岡から柳田姓となった。

入省から一年半後、柳田は、内閣直属で法案を起草《きそう》する法制局参事官に栄転する。異動後の柳田は、暇を見つけては内閣書記官室記録課へ出向き、その蔵書に親しんだ。

農商務省

東京帝国大学卒業後、柳田が勤務した農商務省。（国立国会図書館所蔵）

しかし、農政への関心を失ったわけではなかった。この頃の柳田は、農業と商工業のバランスが取れた状態での国民経済の発展が望ましいと考えていた。

そのためにも、日本の農業は安定的な経営が可能な自作小農（小規模な自作農）が望ましく、高額の借地料を取っている地主制の解消を軸とする農業構造改革を唱《とな》えた。

また、政府の大陸進出政策を危《き》惧《ぐ》し、地域経済発展のために国や民間の資金を回すべきだとも唱えた。

しかし当時の政府は、農業政策に関しては地主制を前提とし、対外進出を目指し富国強兵《ふこくきょうへい》を推進していたため、柳田の主張は政府内では受け入れられなかった。

一方、法制局においては、膨大な資料を読む必要があるため皆が敬遠する、特赦《とくしゃ》に関する煩雑《はんざつ》な事務を、喜んで引き受けていた。

このとき柳田は、炭焼きの男が極貧生活の絶望感から自分の子供を殺した事件の記録を目にする。これが後に『山《やま》の人生《じんせい》』を著《あらわ》す契機《けいき》になったという。

松岡家の兄弟

（前列右より時計回りに）鼎、冬樹（鼎の長男）、（1人おいて）輝夫、國男

終章　柳田國男の生涯

官僚時代・後期

民俗学へ傾倒し『遠野物語』の執筆へ

『後狩詞記』と『遠野物語』

各地を視察・講演で回るなか、柳田は農村の生活に強い関心を持つようになる。大きな転機となったのが、明治四十一年（一九〇八）の、九州、四国への九十日間にわたる視察旅行であった。

とくに強烈な体験となったのが、山深く、平家《へいけ》の落人《おちうど》の地としても知られる、宮崎県椎葉《しいば》村での聞き書きである。村に入って猪狩《いのししが》りの話を聞いたり、村長の案内で集落を泊まり歩いて村の実態に触れたことは、柳田に民俗学への強い関心を呼び起こさせた。

翌年には、それをまとめた『後狩詞記《のちかりことばのき》』を刊行する。これが柳田の民俗研究の処女作であり、以後、「天狗《てんぐ》の話」「島々の物語」など、民俗学の論考を次々と発表した。

さらに、椎葉村を訪れたのと同じ年に佐々木喜善《ささききぜん》と知り合い、遠野の伝承を聞き書きし、明治四十三年（一九一〇）に『遠野物語《とおのものがたり》』を刊行した。一年違いで、九州と東北における民間伝承の集成を生み出したのであった。

日本の民俗に強い関心を抱いた柳田は、大正二年（一九一三）に雑誌『郷土研《きょうどけん》

官僚時代の年譜

明治33年（1900）	26歳	7月、農商務省農務局に就職。この秋に柳田家の養嗣子となる。9月から日露戦争前まで、早稲田大学で、「農政学」を講義する。
明治34年（1901）	27歳	最初の視察旅行で群馬県下の製糸会社を回る。
明治35年（1902）	28歳	2月、法制局参事官に任官。
明治37年（1904）	30歳	2月、日露戦争勃発と同時に横須賀の捕獲審検所評定官となる。この年、結婚する。
明治38年（1905）	31歳	全国農事会の幹事となる。
明治41年（1908）	34歳	宮内書記官を兼任する。この年、佐々木喜善に出会い、『遠野物語』に収録される話を聞く。
明治42年（1909）	35歳	初めて遠野を訪れる。
大正3年（1914）	40歳	貴族院書記官長となる。
大正8年（1919）	45歳	貴族院書記官長を辞任する。

究《きゅう》』を発刊、折口信夫《おりくちしのぶ》、南方熊楠《みなかたくまぐす》らが寄稿した。さらに、新渡戸稲造《にとべいなぞう》を中心とする研究会「郷土会」にも加わり、農村の社会経済に関する調査研究を進めていく。

柳田民俗学の中心課題の一つは、日本人の宗教意識の原像を明らかにすることであった。日本人の信仰の基本が、村々に祀《まつ》られている神社、つまり氏神《うじがみ》信仰にあると考えた柳田は、これを明らかにすることでナショナリズムの意識形成を図《はか》り、近代化の過渡期にある日本国民の、新たなアイデンティティーを形成できるのではないかと考えていた。

●二十年間の官僚生活に終止符

官僚としての柳田は、政策立案の中枢からは外されていたものの、兄の井上通泰が元老《げんろう》の山縣有朋《やまがたありとも》と昵懇《じっこん》であったこともあり、明治四十一年（一九〇八）には宮内《くない》書記官《しょきかん》を兼任、さらに内閣書記官も兼任した。内閣文庫の整理を任されたことから、アイヌ語学者の金田一京助《きんだいちきょうすけ》とも知り合った。

四十歳の大正三年（一九一四）には、事務官僚としては最高ポストの一つである、貴族院《きぞくいん》書記官長に昇進する。その職務は、事務局内の業務の監督指揮、職員の人員

晩年の柳田國男

(写真提供:成城大学
民俗学研究所)

遠野の旅

佐々木との出会いの翌年、柳田は初めて遠野を訪れた。
※出典:『図説遠野物語の世界』石井正巳・浦田穂一写真(河出書房新社)

椎葉村の棚田

農政官僚として九州、四国を視察した柳田國男は、宮崎県椎葉村での聞き書きなどをもとに民俗研究の処女作『後狩詞記』を著した。

配置の決定などであった。

ところが、これは柳田にとってあまり居心地の良いポストではなかった。

貴族院議長の徳川家達《とくがわいえさと》（徳川家第十六代当主）と折り合いが悪く、柳田が家達の了解を得ずに、台湾・中国・朝鮮の長期出張に出たりしたこともあり、家達が当時の原《はら》敬《たかし》首相に柳田の更迭《こうてつ》を依願するまでになった。

大正八年（一九一九）、四十五歳の柳田は不本意な形で辞職を強《し》いられ、約二十年におよぶ官僚生活に終止符を打った。

終章
柳田國男の生涯

新聞社時代

国際連盟委員として渡欧し、
帰国後は研究生活に専念

国際連盟の委員としてスイスに滞在

官僚を辞めた翌年の大正九年（一九二〇）、柳田は朝日新聞社の客員として迎えられた。月給三百円（大卒初任給の約六倍）、最初の三年間は国内外を社費で旅行させてもらうという破格の条件であった。紙面に掲載された東北、沖縄などの旅行記は、後に『雪国《ゆきぐに》の春《はる》』『海南小記《かいなんしょうき》』にまとめられた。

翌年には国際連盟の常設委任統治委員会の委員に推薦され、スイスのジュネーブに約二年半滞在している。

しかし、言葉の壁が障害となり、満足のいく交渉ができないジレンマを抱えた。

さらに、帝国国際連盟事務局長である松田道一《まつだみちかず》との間に軋轢《あつれき》が生まれ、柳田の立場は微妙になり、大正十二年（一九二三）に起きた関東大震災を契機に、委員を辞職した。

国際連盟の委員としてはさしたる成果を挙げぬまま帰国する形になったが、一方、民俗学研究のうえでは大きな収穫を得ていた。

この間、柳田はヨーロッパ各地を訪れ、当時の人文・社会科学の最先端に触れている。

現地語を知る専門の研究者が現地調査を重ね、住民の生活文化を体系立てて考えるという手法は、耳目《じもく》を開かされる思いであったという。

●人生を研究生活に捧げる

こうして新たな学問の方向性を見出し、活力を取り戻した柳田は、帰国後、執筆・研究活動を再開する。

大正十三年（一九二四）に朝日新聞社の正式な社員となり論説記事を執筆する一方、慶應義塾《けいおうぎじゅく》大学や早稲田大学での講義、民俗学に関わる講演を行ない、さらには、人文・社会科学の諸分野にまたがる雑誌『民族《みんぞく》』の創刊、各種研究会の創設など、精力的に活動した。

社説は平均して月に五回ほど手がけたが、「花を駅頭に」「落語と放送」「蛙《かえる》の王様」

新聞社時代の国内旅行

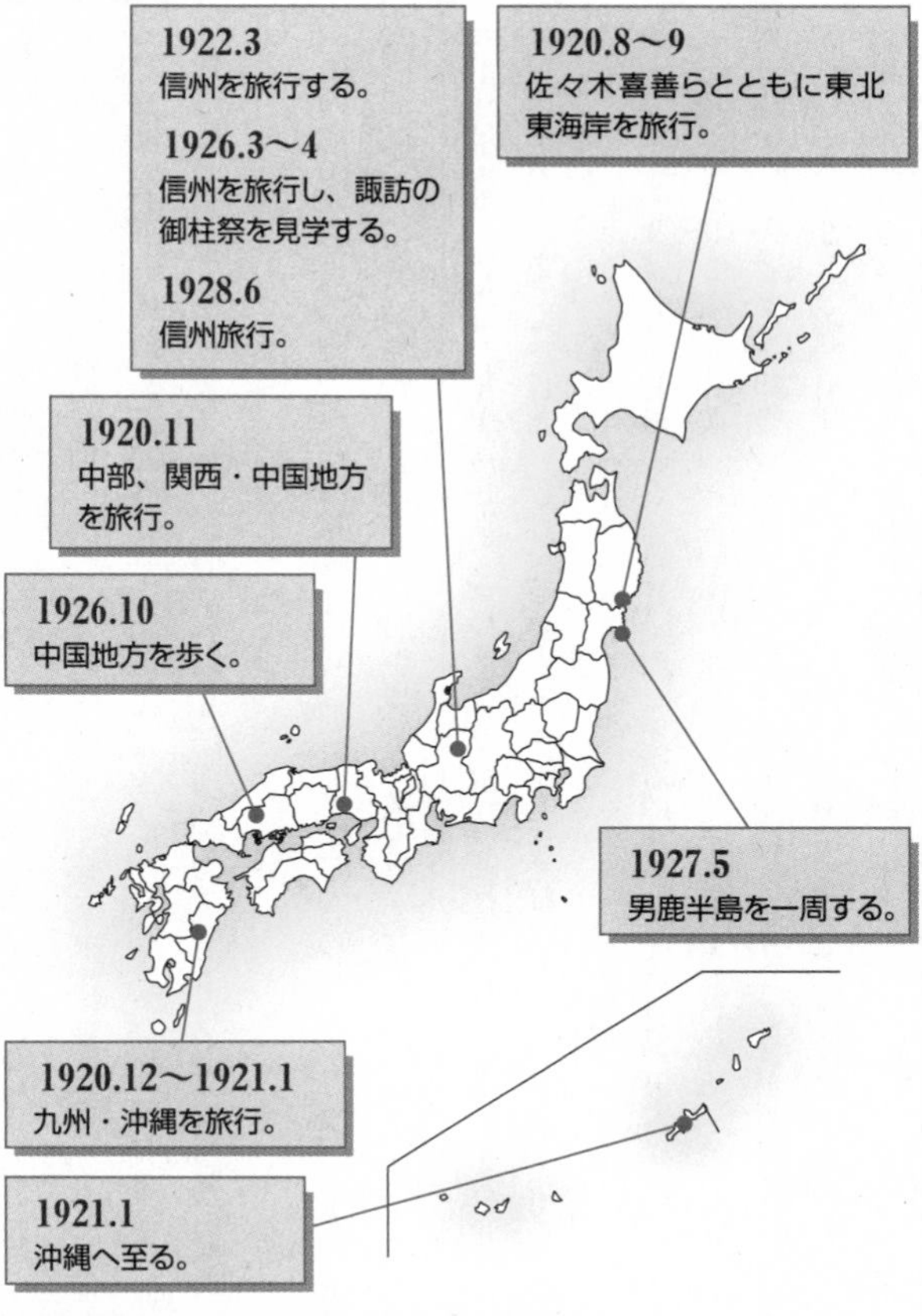
1922.3
信州を旅行する。
1926.3〜4
信州を旅行し、諏訪の
御柱祭を見学する。
1928.6
信州旅行。
1920.8〜9
佐々木喜善らとともに東北
東海岸を旅行。
1920.11
中部、関西・中国地方
を旅行。
1926.10
中国地方を歩く。
1927.5
男鹿半島を一周する。
1920.12〜1921.1
九州・沖縄を旅行。
1921.1
沖縄へ至る。

朝日新聞社に入社した柳田は日本各地を旅行した。

など、他紙には見られないユニークな視点からの文章で注目を集めた。

研究会としては、西南諸島研究の「南島談話会」、「北方文明研究会」、昔話研究の「吉右衛門会《きっちょむかい》」、「民俗芸術の会」「方言研究会」を創設し、会員の発表を元に、お互いに情報を交換し合うなど、民俗学研究と研究者のネットワーク形成に尽力した。

この頃の柳田の、学問に対する執着は鬼気迫《ききせま》るものがあった。東京の砧村《きぬた》（現・世田谷区成城《せいじょう》）に書斎を中心とする新居を建てて引越すなど、研究生活に打ち込

新聞社時代の年譜

大正9年（1920）	46歳	8月、旅行をする条件で朝日新聞社に入社する。
大正10年（1921）	47歳	5月、国際連盟委任統治委員に就任し、米・仏・北欧・伊を回る。
大正11年（1922）	48歳	5～11月、国際連盟の仕事で2度目の渡欧。
大正12年（1923）	49歳	12月、国際連盟委任統治委員を辞任する。
大正13年（1924）	50歳	2月、朝日新聞論説委員となり、7月から社説を書く。
大正14年（1925）	51歳	5月から2年間、早稲田大学で「農民史」を講義する。
昭和5年（1930）	56歳	朝日新聞論説委員を辞任する。

『海南小記』(1925年)

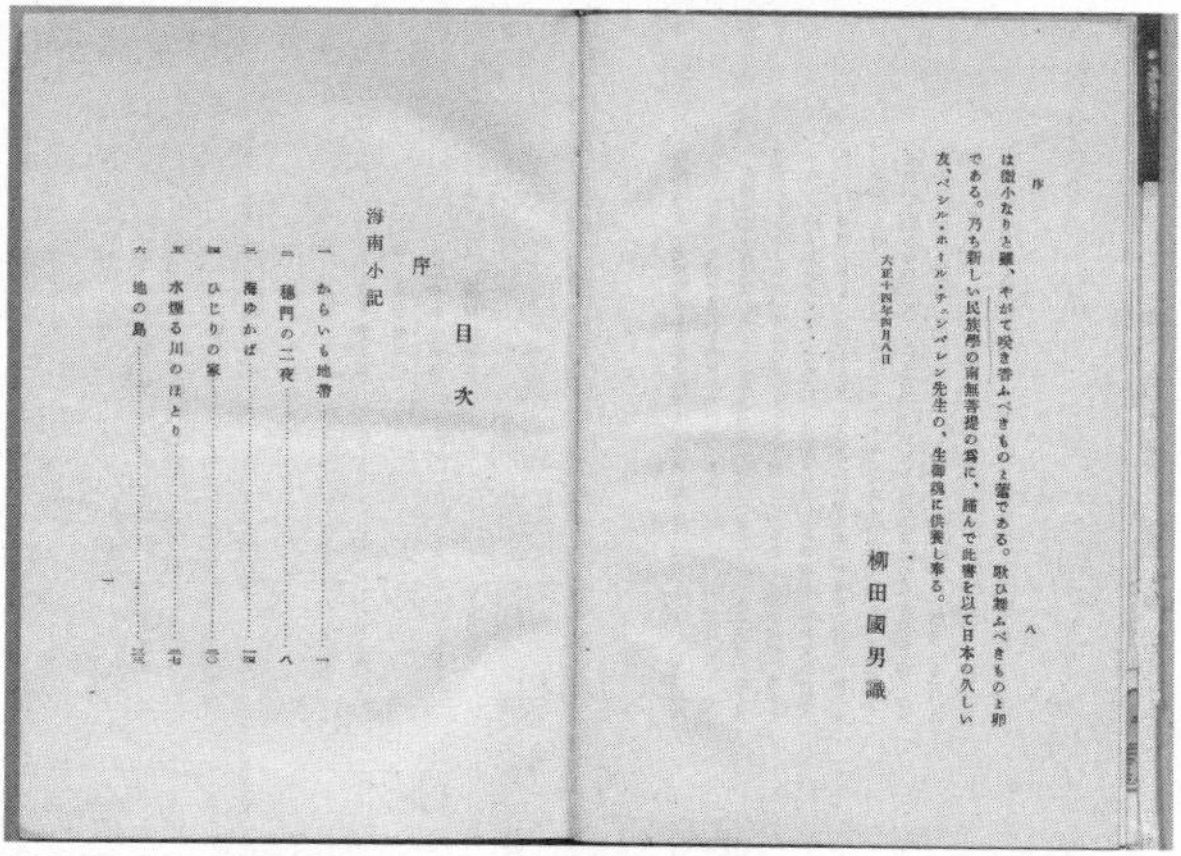
序　八

は微小なりと雖、やがて咲き香ふべきものゝ蕾である。歌ひ舞ふべきものゝ卵である。乃ち新しい民族學の南無菩提の爲に、謹んで此書を以て日本の久しい友、ベシル・ホール・チェンバレン先生の、生御魂に供養し奉る。

大正十四年四月八日

柳田國男識

目次

序

海南小記

官僚を辞した柳田國男は朝日新聞社の客員となり、九州、沖縄諸島への紀行文を掲載し、のちに『海南小記』として刊行した。

(国立国会図書館所蔵)

む環境も整え、家にいる間はほとんど机の前に座り、ぼんやりしている時間はなかったという。

しかし、昭和の初め頃には体調を崩して軽いノイローゼになり、周辺の人たちと軋轢《あつれき》を生むことがあり、雑誌『民族』は休刊、昭和五年（一九三〇）には朝日新聞社も退社した。

この退社には、朝日新聞社が政府の大陸進出政策に追随《ついずい》するような論調を見せ始めていたことへの反発もあったとされる。

民俗学の確立

研究組織をまとめ上げ　学問発展の道を拓く

「木曜会」と「民間伝承の会」

新聞社を退社した柳田は、民俗学の研究に専念する。自宅で開く「木曜会《もくようかい》」には、大藤時彦《おうとうときひこ》、関敬吾《せきけいご》ら、のちの日本民俗学を担う面々が集まった。

この会では三年間にわたって全国山村調査にも取り組み、その成果は『山村生活の研究』として刊行された。

木曜会を開催する一方、柳田自身は平均年三冊のペースで著書を刊行し、論文やエッセイも月に五本程度執筆した。さらに、全国を旅行し、各地で民俗学の普及に努めた。地方の研究者によるネットワークを作り、日本民俗学の道を切り開いたのである。

昭和十年（一九三五）には日本民俗学講習会が開催され、全国的な研究組織「民間伝承の会」を創設、さらに機関誌『民間伝承』が創刊された。

民俗学研究機関の変遷

民俗学に関する第一回談話会（1923）◀木曜会（1934）◀民俗学研究所（1947）◀日本民俗学会談話会（1949）

柳田國男の主な著作

1909年	『後狩詞記』	1939年	『木綿以前の事』
1910年	『遠野物語』	1940年	『妹の力』
1929年	『都市と農村』	1943年	『神道と民俗学』
1930年	『蝸牛考』	1946年	『先祖の話』
1931年	『明治大正史世相篇』	1959年	『故郷七十年』
	『日本農民史』	1961年	『海上の道』
1932年	『女性と民間伝承』		
1934年	『民間伝承論』		
1935年	『国史と民俗学』		
	『郷土生活の研究法』		

民間伝承の会は、民俗語彙《ごい》を収集・研究した『婚姻習俗語彙《こんいんしゅうぞくごい》』『葬送習俗語彙《そうそうしゅうぞくごい》』などを発行した。

この講習会には、後に民俗学者として膨大な業績を残す、当時小学校教師だった宮本常一《みやもとつねいち》も参加したという。

やがて日本は第二次世界大戦へと突入するが、柳田は戦局とは距離を置き、ひたすら学問に打ち込んだ。『こども風土記《ふどき》』『村と学童』『神道《しんとう》と民俗学』などの著作に取り組む一方、戦後の日本社会再建を見据えた研究も進めた。

そうした研究は、戦後、『先祖の話』『祭日考』『山宮考《やまみやこう》』『氏神《うじがみ》と氏子《うじこ》』などの著作として結実した。

八十八歳まで現役として活動

終戦を迎えたとき、柳田はすでに七十歳を過ぎていたが、学問への情熱は衰えていなかった。

それどころか、民俗学は今後の日本再建を考える手がかりを提供できるはずと、実践志向を強く打ち出し、引き続き精力的に活動した。

終戦の翌年には雑誌『民間伝承』を復刊し、日本民俗学講座も再開した。さらに、「木曜会」を発展解消する形で、自宅に「民俗学研究所」を設立した。昭和二十四年（一九四九）には、民間伝承の会を「日本民俗学会」と改称し、初代会長に就任した。

また、人々が自覚的に社会を作り上げていくうえで、とくに社会科と国語科が重要と考え、これらの科目の充実を図り、小中学校の検定教科書の監修にも携わっている。

晩年の柳田國男

昭和22年（1947）	73歳	3月、木曜会が発展解消し、書斎を民俗学研究所とする。
昭和23年（1948）	74歳	4月、民俗学研究所が財団法人として認可される。
昭和24年（1949）	75歳	4月、民間伝承の会を日本民俗学会と改称し、会長に就任する。
昭和26年（1951）	77歳	11月、第10回文化勲章受章。
昭和32年（1957）	83歳	4月、民俗学研究所の解散を決定する。
昭和37年（1962）	88歳	8月、心臓衰弱のため死去。

雑誌『民間伝承』

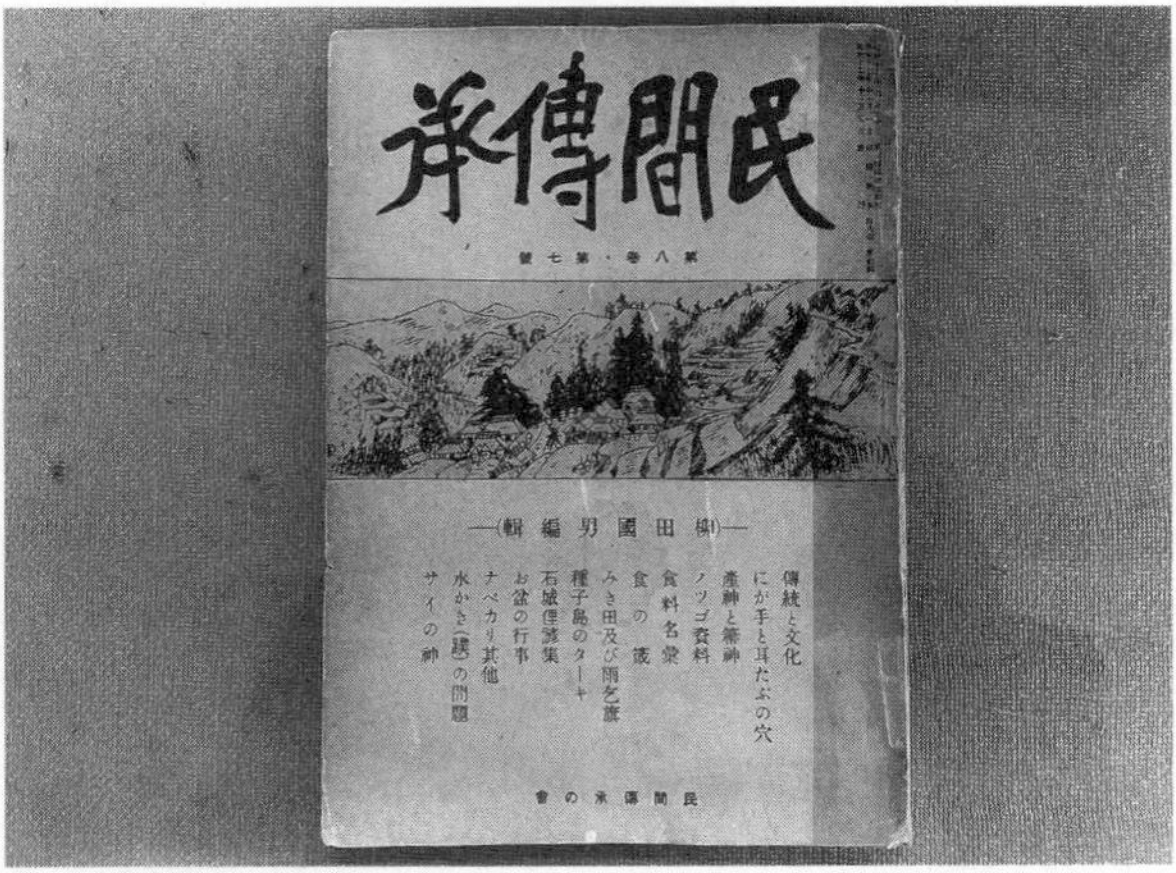

柳田が還暦（60歳）を機に創設した「民間伝承の会」の機関誌として創刊、昭和58年（1983）まで通算324号が刊行された。

戦後の主な著書としては、『口《こう》承《しょう》文藝《ぶんげい》史《し》考《こう》』『新たなる太陽』『妖怪談《ようかいだん》義《ぎ》』などが挙げられるが、とくに力を注いだのが、沖縄に関する研究であった。昭和三十六年（一九六一）、日本人のルーツ論の集大成ともいうべき『海上《かいじょう》の道《みち》』を八十六歳にして発表し、日本人は西南諸島から稲文化とともに伝来したという仮説を提示した。

かくして、日本民俗学を立ち上げ、その発展に尽力した柳田は、生涯に一三三冊の著書を残し、昭和三十七年（一九六二）八月八日、八十八歳で永眠した。

こらむ・柳田國男を巡る人々⑥

新渡戸稲造

柳田民俗学の骨子に影響を与えたのは、五千円札の肖像でも知られる農政学者、新渡戸《にとべ》稲造《いなぞう》だといわれている。新渡戸は、明治三十一年（一八九八）に『農業本論』を著し、国のことを調べるならまず村を調べよという、民俗学の下地ともいうべき考え方を示した。

これに共鳴した柳田國男《やなぎたくにお》は、明治四十年（一九〇七）頃、自宅で「郷土研究会」を始め、明治四十三年（一九一〇）には、新渡戸が開いていた研究会と合流し「郷土会」を発足させた。郷土会は、柳田を幹事役として、新渡戸の自宅において月例会を開催し、その後八年間にわたって続いた。

会では地方文化に関する活発な研究発表が行なわれたほか、フィールド・ワークの先駆けといえるような本格的な村落調査も実施された。会員には、石黒忠篤《いしぐろただあつ》、木村修三《きむらしゅうぞう》のほか、後には折口信夫《おりくちしのぶ》も名を連ね、最終的には五〇名以上が集まった。

会が長く続いたのは、自宅を会場として提供した新渡戸による温かいもてなしのほか、毎回さまざまな客人を招き、新鮮な刺激を与えたことも、理由の一つであったようだ。

新渡戸は、第一高等学校校長、東京帝大教授などを経て、東京女子大学の初代学長に迎えられ、大正九年（一九二〇）には国際連盟事務局次長に就いた。このとき、リベラルな柳田を見込んで日本代表の委任統治委員に推薦し、スイスのジュネーブへ呼び寄せている。

おわりに――文庫化にあたって

オシラサマ、オクナイサマ、座敷童子《ざしきわらし》といった家神《いえがみ》・精霊《せいれい》。異人《いじん》・妖怪《ようかい》ともいうべき山男《やまおとこ》、空を飛ぶ山女《やまおんな》、娘を食う山姥《やまうば》、天狗《てんぐ》など。『遠野物語《とおのものがたり》』には、さまざまな者たちが登場する。科学が万能と信じられている現代にあって、彼らの存在は迷信や俗信にすぎないと考える人も少なくないであろう。

しかし、彼らはわれわれの中に、ごく自然に姿を現わす。そして心優しい行動をしたり、恐怖を抱かせたりすることで、「それは真実なのだ」と納得させてくれる。納得させてくれるのは、遠野の地が、いわば日本人の〈心のふるさと〉というべき、懐《なつ》かしさ・優しさを感じさせてくれるからでもあろう。

日本人の一原郷《いちげんきょう》ともいうべき遠野の地に、かくも不思議に示される人と精霊・妖怪たちとのふれあい。ここには本来、人間のあるべき姿が示されているように思う。それが今回、改めて文庫化する所以《ゆえん》である。

志村有弘しるす

【参考文献】

『遠野物語 口語訳』柳田国男 佐藤誠輔、『図説 遠野物語の世界』『いま、柳田国男を読む』以上、石井正己（河出書房新社）／『遠野物語の原風景』内藤正敏、『遠野物語の誕生』石井正己、『遠野物語へようこそ』三浦佑之 赤坂憲雄、『快速リーディング2 柳田国男』船曳建夫編著、『注釈 遠野物語』遠野常民大学編著、『定本 柳田國男集』柳田國男、『柳田国男の青春』岡谷公二（以上、筑摩書房）／『遠野物語辞典』石井正己監修、『柳田国男を語る』石井正己（岩田書院）／『街道の日本史6 南部と奥州道中』細井計編、『精選日本民俗辞典』福田アジオほか編、『柳田国男 その生涯と思想』川田稔、『柳田国男の民俗学』福田アジオ（吉川弘文館）／『「遠野物語」へのご招待』、『物語の世界へ 遠野・昔話・柳田国男』以上、石井正己（三弥井書店）／『ガイドブック 日本の民話』日本民話の会編（講談社）／『遠野物語考』赤坂憲雄（宝島社）／『遠野物語 付・遠野物語拾遺』柳田国男（角川書店）／『遠野物語・山の人生』柳田国男（岩波書店）／『世界の民話』小沢俊夫（中央公論新社）／『日本の伝説』柳田国男（新潮社）／『遠野物語小事典』野村純一ほか 編（ぎょうせい）／『昔話・伝説小事典』野村純一ほか 編（みずうみ書房）／『昔話・伝説必携』野村純一 編（学灯社）／『全訳 遠野物語』柳田国男 石井徹（無明舎出版）／『村落伝承論』三浦佑之（五柳書院）／『動物民俗 2』長澤武（法政大学出版局）／『日本昔話ハンドブック 新版』稲田浩二、稲田和子編（三省堂）／『日本昔話事典』稲田浩二ほか編（弘文堂）／『評伝 柳田國男』牧田茂編（日本書籍）／『「遠野物語」を読み解く』石井正己（平凡社）／『民俗の事典』大間知篤三ほか 編（岩崎美術社）／『民俗学者 柳田国男』福田アジオ（御茶の水書房）／『柳田國男の世界』河村望（人間の科学新社）／『柳田國男事典』野村純一ほか 編（勉誠出版）

［本書は二〇一三年『図説 地図とあらすじでわかる！ 遠野物語』として
小社より新書判で刊行されたものに加筆修正したものです。］

青春文庫

図説 日本《にほん》の異界《いかい》を歩《ある》く！ 遠野物語《とおのものがたり》

2021年5月20日　第1刷

監修者　志《し》村《むら》有《くに》弘《ひろ》

発行者　小澤源太郎

責任編集　株式会社プライム涌光

発行所　株式会社青春出版社

〒162-0056　東京都新宿区若松町12-1
電話 03-3203-2850（編集部）
03-3207-1916（営業部）
振替番号　00190-7-98602

印刷／大日本印刷
製本／フォーネット社

ISBN 978-4-413-09777-2

©Kunihiro Shimura 2021 Printed in Japan

万一、落丁、乱丁がありました節は、お取りかえします。

本書の内容の一部あるいは全部を無断で複写（コピー）することは
著作権法上認められている場合を除き、禁じられています。

ほんとうのあなたに出逢う　青春文庫

世界は「経済危機」をどう乗り越えたか
コロナ禍で停滞する経済。しかし、かつて世界は何度も危機を乗り越えた経験があった。本書は、歴史からヒントを探る一冊。
島崎　晋
(SE-764)

会話の「しんどい」がなくなる本
話すのは相手が9割！
無理しないから楽しい！　考え過ぎないから盛り上がる！　今日からはじめる、新しい人間関係の教科書
ビジネスフレームワーク研究所［編］
(SE-765)

ドーナツの穴は何のため？
「かたち」の雑学事典
そのカタチには意味がある！いつも使っているモノや人気商品をカタチという切り口で徹底解剖！
知的生活追跡班［編］
(SE-766)

図説　地図とあらすじでわかる！
聖　書
「旧約」と「新約」は何がどう違うのか、イエスが起こした数々の奇跡とは…なるほど、これならよくわかる！
船本弘毅［監修］
(SE-767)

結局、「決める力」がすべてを変える

流される人生から、自分で選択する人生へ

藤由達藏

行動する力が生まれる、スパッと決められる、先延ばしグセがなくなる…ぐずぐずする自分・優柔不断な自分にオサラバする方法

(SE-768)

図説 地図とあらすじでわかる! 古事記と日本書紀

坂本 勝［監修］

『古事記』と『日本書紀』は何が違うのか、日本人の源流とはいったい何か…なるほど、そういう話だったのか!

(SE-769)

謎と疑問にズバリ答える! 日本史の新視点

新 晴正

その歴史常識には、裏がある! 大坂の陣の後、海外で活動した日本のサムライ傭兵の謎ほか、目からウロコの推理と読み解き!

(SE-770)

そわそわしない練習

植西 聰

「ちゃんとやらなきゃ」「嫌われちゃいけない」「SNSだけで時間が過ぎる」…忙しい中でも、焦らず自分らしくいられるヒント

(SE-771)

ほんとうのあなたに出逢う ◆ 青春文庫

小学生はできるのに大人は間違える日本語
意外と手強い！
いまさら聞けない！
頭の回転が速くなる〝言葉〟の本。
話題の達人倶楽部［編］
（SE-772）

「ずるい人」が周りからいなくなる本
あなたの心を支配してくるモヤモヤ・怒り・憤りたちを大人気カウンセラーがみるみる解決！　文庫だけのスペシャル解説つき。
大嶋信頼
（SE-773）

サクッと！頭がよくなる東大クイズ
東大卒クイズ王・井沢拓司氏絶賛！
日本一の思考センスに磨かれる最強クイズ100問。あなたは何問解けるか。
東京大学クイズ研究会
（SE-774）

暮らしと心の「すっきり」が続くためない習慣
「生きやすくなる」ための習慣作り術。ためない習慣が身につくとモノ・コト・心がすっきりします。【100の習慣リスト】付き。
金子由紀子
（SE-775）

ほんとうのあなたに出逢う ◆ 青春文庫

そこを教えてほしかった
理系の雑学
え！ ウソ!? ビックリ！
宇宙、地球、テクノロジー、脳、人体…
科学のニュースが自信を持って語れる本。
おもしろサイエンス学会［編］
（SE-776）

図説 日本の異界を歩く！
遠野物語
座敷童子、オシラサマ、河童、神隠し…なるほど、そういう話だったのか！ 大人が読むから面白い、地図とあらすじの旅へようこそ
志村有弘［監修］
（SE-777）

1日1分
骨から小顔
顔が大きいのは「骨格のゆがみ」が原因！
「ボディから整える」セルフ整体のメソッドで永遠に小さな顔が手に入る
南 雅子
（SE-778）

※以下続刊

大好評！ 青春文庫の図説シリーズ

図説 眠れないほど怖くなる！

日本の妖怪図鑑

志村有弘［監修］

鬼・河童・天狗・アマビコ・座敷童子・雪女・付喪神…

本当は誰の心にも潜んでいる妖怪の魂

——もうあなたの心にも芽生えているかもしれない！

ISBN978-4-413-09760-4 1100円

お願い ページわりの関係からここでは一部の既刊本しか掲載してありません。折り込みの出版案内もご参考にご覧ください。

※上記は本体価格です。（消費税が別途加算されます）
※書名コード（ISBN）は、書店へのご注文にご利用ください。書店にない場合、電話または Fax（書名・冊数・氏名・住所・電話番号を明記）でもご注文いただけます（代金引換宅急便）。商品到着時に定価+手数料をお支払いください。〔直販係　電話03-3207-1916　Fax03-3205-6339〕
※青春出版社のホームページでも、オンラインで書籍をお買い求めいただけます。ぜひご利用ください。〔http://www.seishun.co.jp/〕